D1118475

LE TIERS-INSTRUIT

DU MÊME AUTEUR

Le Système de Leibniz et ses modèles mathématiques, 2 vol.,
   Presses universitaires, 1968. Rééd. en 1 vol., 1982.
Hermès I. La communication, Éditions de Minuit, 1969.
Hermès II. L'interférence, Éditions de Minuit, 1972.
Hermès III. La traduction, Éditions de Minuit, 1974.
Jouvences. Sur Jules Verne, Éditions de Minuit, 1974.
Feux et signaux de brume. Zola, Grasset, 1975.
Esthétiques. Sur Carpaccio, Hermann, 1975. Rééd. poche,
   1983.
Auguste Comte. Leçons de philosophie positive, t. I,
   Hermann, 1975.
Hermès IV. La distribution, Éditions de Minuit, 1977.
*La Naissance de la physique dans le texte de Lucrèce.
   Fleuves et turbulences,* Éditions de Minuit, 1977.
Hermès V. Le passage du Nord-Ouest, Éditions de Minuit,
   1980.
Le Parasite, Grasset, 1980.
Genèse, Grasset, 1982.
Rome. Le livre des fondations, Grasset, 1983.
Détachement, Flammarion, 1983.
Les Cinq Sens, Grasset, 1985.
L'Hermaphrodite, Flammarion, 1987.
Statues, François Bourin, 1987.
Éléments d'histoire des sciences (en collaboration), Bordas,
   1989.
Le Contrat naturel, François Bourin, 1990.

MICHEL SERRES

LE
TIERS-INSTRUIT

ÉDITIONS FRANÇOIS BOURIN
27, rue Saint-André-des-Arts
75006 Paris

© Éditions François Bourin, 1991.

Pour Anne-Marie,
Emmanuelle et Stéphanie

Philomuthos, philosophos pôs.
Philosophos, philomuthos pôs.

ARISTOTE

Laïcité

Retour d'inspection sur ses terres lunaires, Arlequin, empereur, apparaît sur scène, pour une conférence de presse. Quelles merveilles a-t-il vues en traversant des lieux aussi extraordinaires? Le public attend de grandes extravagances.

— Non, non, répond-il aux questions qui le pressent, tout est partout comme ici, en tout identique à ce qu'on peut voir à l'ordinaire sur le globe terraqué. Sauf que changent les degrés, de grandeur et de beauté.

Déçus, les auditeurs n'en croient pas leurs oreilles : ailleurs diffère sûrement! N'a-t-il donc rien su observer au cours de son voyage? D'abord muets, stupéfaits, ils se mettent à remuer, alors qu'Arlequin répète doctement sa leçon : rien de nouveau sous le soleil ni dans la lune. La parole du roi Salomon précède celle du potentat satellite. Rien de plus à dire, pas de commentaire.

Royal ou impérial, qui détient le pouvoir ne rencontre, en effet, dans l'espace, qu'obéissance à sa puissance, donc sa loi : le pouvoir ne se déplace pas. Lorsqu'il le fait, il avance sur un tapis rouge. Ainsi la raison ne découvre, sous ses pas, que sa règle.

Hautain, Arlequin toise les spectateurs avec un mépris et une morgue ridicules.

Au milieu de la classe qui devient houleuse, quelque bel et mauvais esprit se lève et tend la main pour désigner le manteau d'Arlequin.

— Hé! crie-t-il, toi qui dis que tout est partout comme ici, veux-tu nous faire croire aussi que ta cape est en toute pièce la même, par exemple devant comme au fondement?

Ebranlé, le public ne sait plus s'il faut se taire ou rire; et, de fait, le vêtement du roi annonce l'inverse de ce qu'il prétend. Bigarrure composite, faite de morceaux, en haillons ou lambeaux, de toutes tailles, mille formes et couleurs variées, d'âges divers, de provenances différentes, mal faufilés, juxtaposés sans harmonie, sans attention portée aux voisinages, reprisés selon les circonstances, à mesure des besoins, d'accidents et de contingences, montre-t-elle une sorte de mappemonde, la carte des voyages du comédien, comme une valise constellée de marques? Ailleurs alors n'est jamais comme ici, nulle pièce ne ressemble à aucune autre, aucune province ne saurait se comparer à telle ou telle et toutes les cultures diffèrent. La houppelande portulan dément ce que prétend le roi de la lune.

Voyez de tous vos yeux ce paysage zébré, tigré, nué, moiré, chamarré, chagriné, fouetté, lacunaire, ocellé, bariolé, déchiré, à lacets noués, à bonnets croisés, à franges mangées, partout inattendu, misérable, glorieux, magnifique à couper le souffle et faire battre le cœur.

Puissante et plate, la parole règne, monotone, et vitrifie l'espace; superbe de misère, le vêtement, improbable, éblouit. L'empereur dérisoire, qui répète comme un perroquet, s'enveloppe d'une carte du monde à multiplicités mal accolées. Verbe pur et simple, robe composite et mal assortie, chatoyante, belle comme une chose : que choisir?

— Te vêts-tu du routier de tes voyages? dit aussi le bel esprit perfide.

Tout le monde rit. Voici le roi pris et déconfit.

Arlequin a vite deviné la seule issue au ridicule de sa posture : il n'a plus qu'à ôter ce manteau qui le dément. Il se lève, hésitant, regarde, béant, les pans de son habit, puis, béat, regarde le public, puis regarde à nouveau son manteau, comme saisi de vergogne. La salle rit, un peu sotte. Il prend son temps, on attend. L'Empereur de la Lune se décide enfin.

Arlequin se déshabille ; après beaucoup de grimaces et de contorsions maladroites, il vient de laisser tomber à ses pieds le manteau bigarré.

Une autre enveloppe nuée apparaît alors : il portait une seconde loque sous le premier voile. Interloquée, la salle rit encore. Il faut donc recommencer, puisque la deuxième enveloppe, semblable au manteau, se compose de nouvelles pièces et de vieux morceaux. Impossible de décrire la deuxième tunique sans répéter, comme une litanie : tigrée, nuée, zébrée, constellée...

Arlequin continue donc de se déshabiller. Une autre robe moirée, une nouvelle tunique chamarrée, ensuite une sorte de voile strié, successivement paraissent, et encore un collant ocellé bariolé... La salle s'esclaffe, de plus en plus stupéfaite, Arlequin n'en vient jamais à son dernier costume, alors que l'avant-dernier ressemble autant qu'on le veut à l'antépénultième : bigarré, composite, déchiré... Arlequin porte sur lui une couche épaisse de ces manteaux d'arlequin.

Indéfiniment, le nu recule sous les caches et le vivant sous la poupée ou la statue gonflées de chiffons. Certes, le premier manteau fait voir la juxtaposition des pièces, mais la multiplicité, le croisement des enveloppes successives impliquées la montrent et la dissimulent aussi. Oignon, artichaut, Arlequin n'en finit pas d'effeuiller ou d'écailler ses capes nuées, le public n'arrête plus de rire.

Tout à coup, silence ; le sérieux, même la gravité descendent dans la salle, voici le roi nu. Enlevé, l'écran dernier vient de tomber.

Stupeur ! Tatoué, l'Empereur de la Lune exhibe une peau bariolée, donc le bariolage bien plus que la peau. Tout le corps ressemble à une empreinte digitale. Comme un tableau sur une tenture, le tatouage, strié, nué, chamarré, tigré, damassé, moiré, fait obstacle au regard, autant que les habits ou les manteaux qui gisent à terre.

Que l'ultime voile tombe et le secret se livre, tout aussi compliqué que l'ensemble des barrières qui le protégeaient. Même la peau d'Arlequin dément l'unité prétendue par son dire, puisqu'elle est, aussi, un manteau d'arlequin.

La salle essaie de rire encore, mais elle ne le peut plus : il faudrait peut-être que l'homme se dépouille ; sifflets, lazzis... peut-on demander à quiconque de s'écorcher soi-même ?

La salle a vu, elle retient son souffle, on entendrait une mouche voler. Arlequin n'est empereur, même dérisoire, Arlequin n'est Arlequin, multiple et divers, ondoyant et pluriel, que lorsqu'il s'habille et se déshabille : nommé, titré parce qu'il se protège, se défend et se cache, multiplement, indéfiniment. Brutalement, les spectateurs, ensemble, viennent de percer à jour tout le mystère.

Le voici maintenant dévoilé, livré sans défense à l'intuition. Arlequin est hermaphrodite, corps mêlé, mâle et femme. Scandale dans la salle, bouleversée jusqu'aux larmes. L'androgyne nu mélange les genres sans qu'on puisse repérer les voisinages, lieux ou bords où s'arrêtent et commencent les sexes : homme perdu dans une femelle, femme mêlée à un mâle. Voilà comment il ou elle se montre : comme monstre.

Monstre ? Sphinx, bête et fille ; centaure, mâle et cheval ; licorne, chimère, corps composite et mélangé ; où et comment repérer le lieu de la soudure ou du coupage, le sillon où le lien se noue et se serre, la cicatrice où se joignent les lèvres, la droite et la gauche, la haute et la basse, mais aussi l'ange et la bête, le vainqueur vaniteux, modeste ou vengeur et l'humble ou répugnante victime, l'inerte et le vivant, le misérable et le richissime, le plat sot et le fou vif, le génie et l'imbécile, le maître et l'esclave, l'empereur et le paillasse. Monstre, certes, mais normal. Quel semblant écarter, maintenant, pour connaître le lieu de jonction ?

Arlequin-Hermaphrodite se sert des deux mains, non point ambidextre mais gaucher complété, on le vit bien, adroit même à gauche, lorsqu'il se déshabillait, ses capes virevoltant des deux côtés. Des charmes d'enfance mêlés à des rides propres aux vieillards font que l'on se demandait son âge : adolescent ou barbon ? Mais surtout, quand apparurent la peau et la chair, tout le monde découvrit son métissage : mulâtre, câpre, eurasien, hybride en général, et de quel titre ? Quarteron, octavon ? Et s'il ne jouait point au roi, même de comédie, on aurait envie de dire bâtard ou mâtiné, croisé. Sang-mêlé, marron ou marronne, coupé.

Le monstre courant, tatoué, ambidextre, herma-phrodite et métis, que pourrait-il nous faire voir, à présent, sous sa peau? Oui, le sang et la chair. La science parle des organes, de fonctions, de cellules et de molécules, pour avouer enfin qu'il y a beau temps que l'on ne parle plus de vie dans les laboratoires, mais elle ne dit jamais la chair, qui, tout justement, désigne le mélange, en un lieu donné du corps, ici et maintenant, de muscles et de sang, de peau et de poils, d'os, de nerfs et de fonctions diverses, qui mêle donc ce que le savoir pertinent analyse. La vie joue aux dés ou bat les cartes. Arlequin découvre, pour finir, sa chair. Mélangés, la chair et le sang mêlé d'Arlequin ressemblent encore à s'y méprendre à un manteau d'arlequin.

Depuis déjà longtemps, de nombreux spectateurs avaient quitté la salle, fatigués de coups de théâtre manqués, irrités de ce virage de la comédie au tragique, venus rire et déçus d'avoir dû penser. Certains même, savants spécialistes sans doute, avaient compris, pour leur propre compte, que chaque portion de leur savoir ressemble, ainsi, au manteau d'Arlequin, puisque cha-cune travaille à l'intersection ou à l'interférence de plusieurs autres sciences et presque de toutes, quel-quefois. Ainsi leur académie ou l'encyclopédie rejoi-gnait formellement le comédie de l'art.

Or donc, quand tout le monde eut le dos tourné, que les quinquets donnaient des signes de faiblesse, et qu'on sentait que l'improvisation, ce soir, s'achevait en four, quelqu'un jeta soudain un appel, comme si du nouveau se jouait en un lieu où tout s'était, ce soir-là, répété, de sorte que le public en entier, retourné d'un seul coup, jeta tous ses regards, ensemble, vers la scène, violemment illuminée par les derniers feux mourants de la rampe :

— Pierrot! Pierrot! s'écria-t-il, Pierrot lunaire!

A la place exacte de l'Empereur de la Lune se dressait alors une masse éblouissante, incandescente, plus claire que pâle, plus transparente que blafarde, liliale, neigeuse, candide, pure et virginale, toute blanche.

— Pierrot! Pierrot! criaient encore les sots, lorsque le rideau tomba.

Ils sortaient en demandant :

— Comment les mille couleurs du bariolage peuvent-elles se résoudre dans leur somme blanche ?

— De même que le corps, répondaient les doctes, assimile et retient les diverses différences vécues pendant les voyages et revient à la maison métissé de nouveaux gestes et d'autres usages, fondus dans ses attitudes et fonctions, au point qu'il croit que rien, pour lui, ne changea, de même le miracle laïque de la tolérance, de la neutralité bienveillante, accueille, dans la paix, tout autant d'apprentissages pour en faire jaillir la liberté d'invention, donc de pensée.

ÉLEVER

Envoi

Merci. Ma reconnaissance pathétique va pre-mièrement vers feu l'instituteur, dont le visage, la voix et les mains resteront présents dans ma mémoire jusqu'à la mort et qui, voici quelques décennies, fit de moi ce que la majorité droitière appelle avec compassion un gaucher contrarié mais que je dois décrire joyeusement comme une moitié complétée. Aucun événement ne sculpta mon corps avec plus de conséquences, nul ne décida pour moi plus révolutionnairement du sens.

Pour une fois, le corps enseignant, qui se lève pour dire et convaincre ou se penche pour écrire, se présente à son public dans sa naïveté nue : comme un organisme, donnant lieu à langue et à pensée bien sûr, mais d'abord charnellement modelé par un maître anonyme que je remercie.

Corps

Nul ne met en doute la bonté de la réforme qui laissa les gauchers, mes semblables, écrire à leur main. Les contrarier les eût précipités dans une population vague de bègues, de pervers ou névrosés, dit la théorie. En principe, je fais partie de ce groupe si malade, à qui aujourd'hui je donne la parole et que je représente. Etrange nouvelle : tout va pour le mieux dans le meilleur des corps possible.

Comment décrire un droitier? Comme un organisme coupé, souffrant gravement d'hémiplégie. La plume, le couteau, le marteau ou la raquette s'amassent ensemble dans une seule main alors que l'autre ne porte rien. Vit, chaud et souple, un côté du corps propre et de l'étendue, traînant après lui une sorte de jumeau cadavérique, raide et froid, méprisable et impuissant : inconscient.

Voilà seulement la moitié de la vérité. Comment décrire un gaucher, à son tour? Comme un organisme traversé d'une crevasse, paraplégique, malade. Crayon, fourchette, balle, ciseau conviennent à son unique main, alors que la seconde pend, dort. Alerte, douce, présente, voici une face de l'espace et de la vie, pendant que le demi-corps pousse ou tire sans équilibre possible un double dur, absent, mort, poids sans force, masse inconsciente sans langue.

Au bilan, donc, l'un vaut l'autre. Chacun, divorcé, se compose de deux gémeaux dont l'un, au choix, d'un côté ou de l'autre, a seul droit à la vie, le second n'ayant pas eu à naître. Et donc laisser libre les gauchers de le rester revient à en faire des droitiers ; d'autres droitiers, de l'autre côté. La libération de la gauche me paraît maintenant une décision de droite.

Les corps hémiplégiques se reconnaissent entre eux et imposent à tous de rester dans la pathologie sotte de la division.

Non, nous ne sommes pas un, mais deux. Gaucher ou droitier, le corps de chacun se compose-t-il de deux frères ennemis, jumeaux parfaits, bien qu'énantio-morphes, c'est-à-dire à la fois symétriques et asymé-triques, gémeaux concurrents et contrariés, dont l'un a toujours déjà tué l'autre et porte son cadavre en bandoulière, comme ces généraux de l'ancienne Rome traînaient, pendant leur triomphe, leurs adver-saires vaincus esclavagisés? L'usage, que certains eth-nologues ont trouvé universel, de la moitié seulement de son corps remonte-t-il à d'immémoriales pratiques de sacrifice? Droitier ou gaucher ne supportent jamais d'autre à leur côté, sauf mort ou mort-né.

Je prêche contre la peine de mort en cette matière, pour le corps réconcilié, pour l'amitié des frères, enfin en faveur de cette tolérance rare ou, peut-être, de l'amour, qui jouit de ce que l'autre, dans son voisinage le plus proche, vive heureux et, pour le devenir, ait au moins eu la chance ou le droit de naître.

Le cerveau se divise en deux moitiés qui, par fais-ceaux croisés, communiquent avec l'autre côté du corps, respectivement. L'hémiplégie paralyse à la fois ou la gauche du corps et la droite du cerveau ou la gauche de celui-ci et la droite de l'autre. Il me semble meilleur de vivre, parler ou penser avec tous ses organes qu'en retranchant de leur ensemble une moi-tié noire. Nul n'estime un tel principe, malgré sa belle, harmonique et pleine évidence : comment expliquer la passion de l'humanité, tout entière semble-t-il, pour une maladie qui oblige notre demi-corps à se coller à un cadavre, comme en un mariage hideux?

Merci donc premièrement à celui qui m'a formé à la plénitude et la saturation propres à un corps complet.

Rien ne donne plus le sens que de changer de sens. Je raconte par images le souvenir de la mutation.

Nul ne sait nager vraiment avant d'avoir traversé, seul, un fleuve large et impétueux ou un détroit, un bras de mer agités. Il n'y a que du sol dans une piscine, territoire pour piétons en foule.

Partez, plongez. Après avoir laissé le rivage, vous demeurez quelque temps beaucoup plus près de lui que de l'autre, en face, au moins assez pour que le corps s'adonne au calcul et se dise silencieusement qu'il peut toujours revenir. Jusqu'à un certain seuil, vous gardez cette sécurité : autant dire que vous n'avez rien quitté. De l'autre côté de l'aventure, le pied espère en l'approche, dès qu'il a franchi un second seuil : vous vous trouvez assez voisin de la berge pour vous dire arrivé. Rive droite ou côté gauche, qu'importe, dans les deux cas : terre ou sol. Vous ne nagez pas, vous attendez de marcher, comme quelqu'un qui saute décolle et se reçoit, mais ne demeure pas dans le vol.

Au contraire, le nageur sait qu'un second fleuve coule dans celui que tout le monde voit, entre les deux seuils, après ou avant lesquels toutes les sécurités ont disparu : là, il laisse toute référence.

Sens

Le vrai passage a lieu au milieu. Quelque sens que la nage décide, le sol gît à des dizaines ou centaines de mètres sous le ventre ou des kilomètres derrière et devant. Voici le voyageur seul. Il faut traverser pour apprendre la solitude. Elle se reconnaît à l'évanouissement des références.

Dans un premier temps, le corps relativise le sens : qu'importe gauche ou droite pourvu que je tienne à la terre, dit-il. Mais au milieu du passage, même le sol manque, finies les appartenances. Alors le corps vole et oublie le solide, non point en attendant les retrouvailles stables, mais comme s'il s'installait pour toujours dans son étrangère vie : bras et jambes entrent dans la faible et fluide portance, la peau s'adapte à l'environnement turbulent, le vertige de la tête s'arrête parce qu'elle ne peut plus compter sur d'autre support que le sien ; sous peine de noyade, elle entre en confiance dans la brasse lente.

L'observateur extérieur croit volontiers que celui qui change passe d'une appartenance à l'autre : debout à Calais comme il l'était à Douvres, comme s'il suffisait de prendre un second passeport. Non. Cela ne se vérifierait que si le milieu se réduisait à un point sans dimension, comme dans le cas du saut. Le corps qui traverse apprend certes un second monde, celui vers lequel il se dirige, où l'on parle une autre langue, mais il s'initie surtout à un troisième, par où il transite.

Il ne marchera plus ni ne se redressera comme lorsqu'il ne savait que la station ou la marche : bipède avant cet événement, le voici chair et poisson. Il n'a pas seulement changé de berge, de langage, de mœurs, de genre, d'espèce, mais il a connu le trait d'union : homme-grenouille. Le premier animal jouit d'une appartenance, la deuxième bête aussi, mais l'étrange vivant qui entra un jour dans ce fleuve blanc qui coule dans le fleuve visible et qui dut s'adapter sous peine de mort à ses eaux extravagantes laissa toute appartenance.

Par cette nouvelle naissance, le voici vraiment exilé. Privé de maison. Feu sans lieu. Intermédiaire. Ange.

Messager. Tiret. A jamais en dehors de toute communauté, mais un peu et très légèrement dans toutes. Arlequin, déjà.

Naissance du tiers

Il parvient à l'autre rive : autrefois gaucher, vous le trouvez droitier, maintenant ; jadis gascon, vous l'entendez francophone ou anglomane aujourd'hui. Vous le croyez naturalisé, converti, inversé, bouleversé. Certes, vous avez raison. Il habite vraiment, quoique avec douleur, le second rivage. Le pensez-vous simple ? Non, bien sûr, double. Devenu droitier, il demeure gaucher. Bilingue ne veut pas dire seulement qu'il parle deux langues : il passe sans cesse par le pli du dictionnaire. Bien adapté, mais fidèle à ce qu'il fut. Il a oublié, obligatoirement, mais il se souvient quand même. Le croyez-vous double ?

Mais vous ne tenez pas compte du passage, de la souffrance, du courage de l'apprentissage, des affres d'un naufrage probable, de la crevasse ouverte dans le thorax par l'écartèlement des bras, des jambes et de la langue, large barre d'oubli et de mémoire qui marque l'axe longitudinal de ces rivières infernales que nos anciens nommaient amnésies. Vous le croyez double, ambidextre, dictionnaire, et le voilà triple ou tiers, habitant les deux rives et hantant le milieu où convergent les deux sens, plus le sens du fleuve coulant, plus celui du vent, plus les inclinaisons inquiètes de la nage, les intentions nombreuses produisant les décisions ; dans ce fleuve dans le fleuve, ou la crevasse au milieu du corps, se forme une boussole ou rotonde d'où divergent vingt sens ou cent mille. L'avez-vous cru triple ?

Vous vous méprenez encore, le voilà multiple.
Source ou échangeur de sens, relativisant à jamais la
gauche, la droite et la terre d'où sortent les directions,
il a intégré un compas dans son corps liquide. Le
pensiez-vous converti, inversé, bouleversé? Certes.
Plus encore : universel. Sur l'axe mobile du fleuve et
du corps frissonne, émue, la source du sens.

Apprentissage

En traversant la rivière, en se livrant tout nu à
l'appartenance du rivage d'en face, il vient
d'apprendre une tierce chose. L'autre côté, de nouvelles mœurs, une langue étrangère, certes. Mais
par-dessus tout, il vient d'apprendre l'apprentissage
en ce milieu blanc qui n'a pas de sens pour les
rencontrer tous. A l'apex du crâne, en tourbillon, se
visse l'épi de la crinière, lieu-milieu où s'intègrent
toutes les directions.

Universel veut dire : ce qui, unique, verse pourtant
dans tous les sens. L'infini entre dans le corps de qui,
longuement, traverse une rivière assez dangereuse et
large pour connaître ces parages hauturiers où, quelque direction qu'on adopte ou décide, la référence gît
indifféremment loin. Dès lors, le solitaire, errant sans
appartenance, peut tout recevoir et tout intégrer :
tous les sens se valent. A-t-il traversé la totalité du
concret pour entrer en abstraction?

Les instituteurs se doutent-ils qu'ils n'ont enseigné,
dans un sens plein, que ceux qu'ils ont contrariés,
mieux, complétés, ceux qu'ils ont fait traverser?

Certes, je n'ai rien appris que je ne sois parti, ni
enseigné autrui sans l'inviter à quitter son nid.

Partir exige un déchirement qui arrache une part du corps à la part qui demeure adhérente à la rive de naissance, au voisinage de la parentèle, à la maison et au village des usagers, à la culture de la langue et à la raideur des habitudes. Qui ne bouge n'apprend rien. Oui, pars, divise-toi en parts. Tes pareils risquent de te condamner comme un frère séparé. Tu étais unique et référé, tu vas devenir plusieurs, et parfois incohérent, comme l'univers, qui, au début, éclata, dit-on, à grand bruit. Pars, et alors tout commence, au moins ton explosion en mondes à part. Tout commence par ce rien.

Aucun apprentissage n'évite le voyage. Sous la conduite d'un guide, l'éducation pousse à l'extérieur. Pars : sors. Sors du ventre de ta mère, du berceau, de l'ombre portée par la maison du père et des paysages juvéniles. Au vent, à la pluie : dehors manquent les abris. Tes idées initiales ne répètent que des mots anciens. Jeune : vieux perroquet. Le voyage des enfants, voilà le sens nu du mot grec pédagogie. Apprendre lance l'errance.

Eclater en morceaux pour se lancer sur un chemin à l'issue incertaine demande un tel héroïsme que l'enfance surtout en est capable et qu'il faut, de plus, la séduire pour l'y engager. Séduire : conduire ailleurs. Bifurquer de la direction dite naturelle. Aucun geste de la main qui tient une raquette ne poursuit une attitude que le corps prendrait spontanément, nul mot anglais n'émane d'une forme qu'une bouche française esquisserait à l'aise, des yeux grands ouverts ne suit aucune idée de la géométrie, ni le vent ni les oiseaux ne nous enseignent la musique... reste à prendre le corps, la langue ou l'âme à rebrousse-pli. Bifurquer, obligatoirement, cela veut dire s'engager sur un chemin de traverse qui conduit en un lieu ignoré. Surtout : ne jamais prendre la route à l'aise, traverser plutôt la rivière à la nage.

Partir. Sortir. Se laisser un jour séduire. Devenir plusieurs, braver l'extérieur, bifurquer ailleurs. Voici les trois premières étrangetés, les trois variétés d'altérité, les trois premières façons de s'exposer. Car il n'y a pas d'apprentissage sans exposition, souvent dangereuse, à l'autre. Je ne saurai jamais plus qui je suis, où je suis, d'où je viens, où je vais, par où passer. Je m'expose à autrui, aux étrangetés.

Par où, voici la quatrième question, posée à nouveaux frais. Le guide temporaire, l'instituteur connaissent le lieu où ils emmènent l'initié, qui l'ignore maintenant et, en son temps, le découvrira. Cet espace existe, terre, ville, langue, geste ou théorème. Le voyage y va. Mais la course suit des courbes de niveau, selon une allure ou un profil qui dépendent à la fois des jambes du coureur et du terrain qu'il traverse, pierrier, désert ou mer, marais ou paroi. Il ne se hâte pas, d'abord, au but, vers la cible, tendu en direction de sa finalité. Non, le jeu de pédagogie ne se joue point à deux, voyageur et destination, mais à trois. La tierce place intervient, là, en tant que seuil du passage. Or cette porte, ni l'élève ni l'initiateur n'en savent le plus souvent la place ni l'usage.

Un jour, à quelque moment, chacun passe par le milieu de ce fleuve blanc, état étrange du changement de phase, qu'on peut nommer sensibilité, mot qui signifie la possibilité ou la capacité en tous sens. Sensible, par exemple, la balance quand elle branle vers le haut et vers le bas tout à la fois, vibrant, au beau milieu, dans les deux sens ; sensible aussi l'enfant qui va marcher, quand il se lance dans un déséquilibre rééquilibré ; observez-le encore, lorsqu'il plonge dans la parole, la lecture ou l'écriture, débarbouillé, embarbouillé dans le sens et le non-sens. Combien hypersensibles fûmes-nous, gourmés, jetant la gourme, au moment de franchir tous les seuils de la jeunesse. Cet état vibre comme une instabilité, une métastabilité, comme un tiers non exclu entre l'équilibre et le déséquilibre, entre l'être et le néant. La sensibilité hante un lieu central et périphérique : en forme d'étoile.

Avez-vous jamais gardé les buts de votre équipe, alors qu'un adversaire s'apprête à tirer un coup franc rapproché ? Décontracté, comme libre, le corps mime le participe futur, bien paré à se détendre : vers le haut, à ras de terre ou mi-hauteur, dans les deux sens, gauche et droite ; vers le centre du plexus solaire, un plateau étoilé lance ses branches virtuelles dans tous les sens en même temps, comme un bouquet d'axones. Voilà l'état de sensibilité vibrante, éveil, alerte, attention, appel pour la bête qui se rase, guette, épie, sollicitation en tous sens pour tout le réseau admirable des neurones. Courez au filet, prêt à volleyer : encore en participe futur, la raquette se destine en même temps à tous les coups ensemble, comme si le corps, posé en déséquilibre de tous les côtés, nouait une boule de temps, une sphère de sens et libérait à partir du thorax une étoile de mer. Au centre de l'étoile se cache la tierce place, que jadis je nommai l'âme, expérimentée au passage d'un pertuis difficile à franchir. Elle habite ce pôle de la sensibilité, de cette capacité virtuelle, en même temps qu'elle se jette et se retient, c'est-à-dire se lance à demi, le long des branches flottantes de l'astre qui explore l'espace, comme un soleil.

Cerveau

Si le corps ou l'âme sait cela, le cerveau ne l'ignore pas. Pendant le sommeil comme dans la veille, il vibre et saute dans tous les sens à la fois de sorte que la courbe complexe qu'il laisse sur le plan de l'électroencéphalogramme exprime ou mime son autonomie en boule et en bouquet ou en milliards d'étoiles : sous la voûte crânienne scintillent des constellations. Multiplement sensible, il monte au filet pour volleyer ou, expert en sauvegarde, s'apprête à recevoir des balles de tous les angles de l'espace et à tous les moments du temps... balance généralisée, enfant audacieux à se lancer vers une entreprise incertaine, bouche qui va bégayer entre le bruit et la parole, entre oui et non, le clair et l'obscur, le mensonge et la vérité, langue, lèvres et palais abritant ce tiers inclus. Le cerveau s'active à quadriller l'espace-temps : comment? A l'évidence en étant là et ailleurs à la fois, continûment et discontinûment. Sautillant ou scintillant, il hante cette tierce place découverte par la nage qui traverse la rivière.

De même que l'intelligence, la promesse d'invention... restez longtemps ce joueur, cet enfant, ce veilleur, qui balance ou nage, cette vierge qui s'apprête à décider. Corps, muscles, nerfs, sens et sensibilité, âme, cerveau et connaissance, tous convergent en cette tierce place en forme d'étoile : gare à gauche, passe à droite, veille en haut et cours en bas...

Elle s'ensemence dans le temps et l'espace, la tierce place. Au milieu de la fenêtre qu'il traverse, le corps sait qu'il est passé à l'extérieur, qu'il vient d'entrer dans un autre monde. L'espace et nos histoires sont denses de tels seuils : axe du fleuve, du bras de mer que la nage dépasse. Ici paraît s'achever l'aventure, alors que le voyage en atteint un stade ; tiers inclus assurément, puisque ici quelque chose finit et ne finit pas tout à la fois. Voici l'endroit de la paroi, variable selon le jour et le grimpeur, où il découvre que, ce matin, cela passera, même si l'orage éclate. Tiers inclus : non arrivé, cependant parvenu. Voici le moment du travail où, soudain, comme par grâce, tout devient facile et l'on ne sait pourquoi. Au beau milieu, l'œuvre se boucle. Voici l'instant où des années d'entraînement, de volonté, d'acharnement, tout d'un coup, entrent et s'installent dans le schéma corporel ou l'aise catégoriale ; ce midi-là, je commence et j'ai fini tout à la fois, je sais que je parlerai chinois sans le parler encore, que je résoudrai les équations du problème, recouvrerai la santé, finirai la traversée. Si réel, ce seuil, qu'on peut s'y tromper : voici le sommet où commence la course alors que le débutant croit qu'elle vient enfin d'épuiser ses obstacles ; faux milieu, tiers imaginaire, parfois.

Naissance et connaissance

Je ne sais ce qui me pousse à dire que ces quatre épreuves ou expositions majeures de la pédagogie : l'éclatement du corps en parties, l'expulsion vers l'extérieur, le choix nécessaire d'un chemin transverse et paradoxal, enfin le passage par la tierce place, nous les avons tous déjà subies aux premières heures de notre naissance, où il a bien fallu, non sans effusion de sang, parfois, ou écrasement de la tête, s'arracher à un corps auquel le nôtre s'intégrait, car nous ne vivions que comme partie du corps maternel, souffrir une poussée irrésistible vers le froid irrespirable du dehors, devoir prendre un chemin qu'aucune contrainte antérieure ne prévoyait, passer enfin par un pertuis rétréci récemment dilaté, tout prêt à se refermer, au risque d'étouffer, de nous étrangler, de nouer le cordon autour du cou, suffoquer, mourir d'asphyxie dans le conduit obstrué, sténosé, resserré, serré... de sorte que, puisqu'il vit, chacun, comme moi, sait cela, tout cela, cette agonie pour naître, cette mort pour revivre ailleurs, je veux dire ici, en un autre temps, c'est-à-dire maintenant, et que, puisqu'il est là, debout et cœur battant, haletant, il sait déjà, donc peut s'adapter, apprendre : mourir-vivre à tiers inclus.

Nous sommes tous passés par le col, ce lieu étrange et naturel de montagne où le point le plus haut des points bas égale exactement le point le plus bas des points hauts. Nous avons appris, déjà, que le terme d'une agonie pouvait équivaloir soudain à l'article de la vie. Naissance, connaissance : au plus formidable danger quelle plus terrible exposition ?

Au cours de ces expériences, le temps ne jaillit ni de la position, voilà l'équilibre statuaire, ni de l'opposition, deuxième stabilité d'où rien ne peut venir, ni de leur relation, arche ou arc statique d'immobilité pérenne, mais d'un écart à l'équilibre qui jette ou lance la position hors d'elle-même, vers le déséquilibre, qui l'exclut de son repos, exactement d'un porte-à-faux : la langue usuelle l'exprime expressé-

ment par le mot d'exposition. Dans l'axe du fleuve
dont le courant flambe, comme quiconque prend un
quelconque risque, le nageur s'expose.

Le temps s'expose, et, dans l'espace, jaillit des lieux
où il n'y a pas d'être-là. L'espace s'ensemence de lieux
d'exposition où se déploie le temps.

Glissante, la tierce place expose le passant. Mais
nul ne passe sans ce glissement. Personne n'a jamais
changé, ni telle chose du monde, sans rattraper une
chute. Toute évolution et tout apprentissage exigent
le passage par la tierce place. De sorte que la connaissance, pensée ou invention, ne cesse de passer de
tierce en tierce place, s'expose donc toujours, ou que
celui qui connaît, pense ou invente devient vite un
tiers passant. Ni posé ni opposé, sans cesse exposé.
Peu en équilibre, rarement aussi en déséquilibre,
toujours en écart au lieu, errant sans habitat fixe. Le
caractérisent le non-lieu, oui, l'élargissement, donc la
liberté, mieux encore, le porte-à-faux, cette condition
contraignante et souveraine du porter vers le vrai.

Voici déjà presque décrit le tiers-instruit dont l'instruction ne cesse pas : de nature et par ses expériences, il vient d'entrer dans le temps ; il a quitté son
lieu, son être et son là, son village de naissance, exclu
du paradis, a traversé plusieurs fleuves, à ses risques
et périls ; voici qu'il décolle maintenant de la terre
même : habite-t-il le temps ?

Non, nul n'habite le temps, parce qu'il exclut les
tiers et qu'il déloge tout le monde, immédiatement.
Ce pour quoi nous vivons tous désormais délogés.

Ecrire

Pendant ce voyage de pédagogie, je ne conseillerai donc à personne de laisser un enfant gaucher libre de sa main, surtout pour écrire. Travail extraordinaire, écrire mobilise et recrute un ensemble si raffiné de muscles et de terminaisons nerveuses que tout exercice manuel fin, d'optique ou d'horlogerie, est plus grossier en comparaison. Apprendre cette haute école à une population fait d'elle d'abord une collectivité de gens adroits — remarquez au passage ce mot par lequel les maîtres droitiers font leur publicité pour hémiplégiques. Ils pourront devenir chirurgiens du cerveau, mécaniciens de précision, tout faire ; découvrir la haute précision musculaire et nerveuse ouvre à la finesse de pensée.

Faire l'entrée dans ce monde nouveau en inversant son corps exige un abandon bouleversant. Ma vie se réduit peut-être à la mémoire de ce moment déchirant où le corps explose en parts et traverse un fleuve transverse où coulent les eaux du souvenir et de l'oubli. Telle partie s'arrache et l'autre demeure. Découverte et ouverture dont toute une vie professionnelle d'écriture décrit, par la suite, la cicatrisation différée.

Cette balafre suit-elle avec fidélité la suture vieille de l'âme et du corps ? Le gaucher dit contrarié devient-il ambidextre ? Non, plutôt un corps croisé, comme une chimère : resté gaucher pour le ciseau, le marteau, la faux, le fleuret, le ballon, la raquette, pour le geste expressif sinon pour la société — ici, le corps —, il n'a jamais cessé d'appartenir à la minorité maladroite, sinistre, prétend le latin — vive la langue grecque qui la dit aristocrate ! Mais droitier pour la plume et pour la fourchette, il serre la bonne main après la présentation — voici l'âme — ; bien élevé pour la vie publique, mais gaucher pour la caresse et dans la vie privée. A ces organismes complets les mains pleines.

Comment acquérir enfin tolérance et non-violence, sinon en se plaçant du point de vue de l'autre, savoir de l'autre côté ?

Je ne conseillerai à personne de priver un enfant de cette aventure, de la traversée du fleuve, de cette richesse, de ce trésor que je n'ai jamais pu épuiser, puisqu'il contient le virtuel de l'apprentissage, l'univers de la tolérance et le scintillement solaire de l'attention. Lesdits gauchers contrariés vivent dans un monde dont la plupart des autres n'explorent que la moitié. Ils connaissent limite et manque et je suis comblé : hermaphrodite latéral.

Sexe

Seulement quelques vivants jouissent d'un sexe alors que tout, dans le monde, inerte ou vif, est muni d'un sens. Celui-ci va plus loin, plus profond, que celui-là. Gauche et droite se disent de plus de choses que mâle ou femelle et séparent plus universellement que le genre ne distingue.

Les astres tournent et avancent, orientés, comme les particules autour du noyau de l'atome. Cristaux et molécules sont latéralisés, à symétries et asymétries hautement raffinées. Le sens ou l'orientation ne viennent pas des hommes ni de leurs préférences, de leurs inclinaisons, mais du monde inerte avant le vivant et du vivant avant la culture. Les choses

inclinent : champs de forces, aurores boréales, turbulences vissées, cyclones, tache sur la planète Jupi-
ter... l'univers naquit, dit-on, d'une rupture de symétrie. Le sens parcourt donc l'immensité du ciel, entre
dans la boîte du détail et chevauche la flèche du
temps. Puis il passe aux coquillages, lévogyres, dex-
trogyres, aux crustacés, qui montrent une grosse pince
à côté de l'autre, moindre, hétérochèles en cela, puis à
tous les corps, aux nôtres, aux yeux, aux ailettes des
narines, à l'épi des cheveux et à l'équilibre un peu
rompu de la poitrine féminine : le sein gauche
l'emporte sur le sein droit, au moins statistiquement.
Il traverse nos corps et se pose dans les objets fabri-
qués. Le gaucher se faufile avec difficulté dans la forêt
de la technologie droite.

L'orientation convient enfin à nos préférences, à
nos partages culturels, les rouges au pouvoir et les
blancs au banc, ou inversement, par l'hémicycle aux
révolutions. La politique, petite dernière, éperdu-
ment, répète. Si le tribunal de la sociologie me
condamnait pour n'avoir pas dit que le monde n'est
orienté que par projection de ses partages ou imposi-
tion de ses choix, je répondrais, je crois : et pourtant,
elle tourne. Le monde est latéralisé partout ; il en est
ainsi.

L'orientation va du local au global et du petit au
grand, atomes et astres, de la matière inerte au vivant,
cristaux et coquilles, de la nature à la culture, du pur à
l'appliqué, de l'espace au temps, des choses aux
langues : traverse donc, de plus, et sans difficulté, les
passages que la philosophie répute les plus délicats.

Or le partage par genre concerne seulement les
vivants sexués, quelques rôles sociaux, parfois le langage. Peu de chose, en somme.

Tout le monde dit, sans savoir ce qu'il répète, que le compas, indiquant le nord, permet de s'orienter. Et si je décidais, aquitain, californien, habitant du Sud-Ouest, de m'occidenter par le sud? Ou bien : allez tout droit, dit-on, sans prendre garde que la rectitude recommande là de virer à tribord. Comment la justice peut-elle se présenter selon l'image publicitaire de la balance équilibrée, alors que le mot même de droit la fait pencher d'une seule main? Ici poussé par l'inclinaison, le dire n'est pas incliné par le genre.

En somme, le sexe pèse moins que le sens ou le mâle que la droite. Nous vivons plus constamment plongés dans le tourbillon latéralisé que dans l'émotion sexuelle. Cette comparaison désigne l'expérience du gaucher contrarié ou complet au centre du premier partage comme plus intense et plus large que celle, mythique, de l'androgyne au centre du second. Celui-là va jusqu'à l'objet, des cristaux vers les étoiles, Hermaphrodite s'arrête à la chair, celui-ci tourné sur soi, narcissique forcément, le premier ouvert au monde, connaissant par conséquent.

Rien dans la nature, donc, inerte ou vivante, ni dans la culture, langagière ou imagée, ne se réfère à un espace ou à un temps homogènes ou isotropes, réversibles, qu'on puisse à loisir partager de manière équivalente ou symétrique, parfaitement. Il n'existe pas d'indifférence balancée. Il n'y a pas de centre ni d'axe, introuvables ou absents.

L'orientation peut donc être dite originaire, invariante, irréductible, si constamment physique qu'elle en devient métaphysique. Par elle, universelle, nous communiquons à l'univers qui naquit, je le répète, de ce *clinamen* ancien, rajeuni, par nos sciences contemporaines, sous la nomination d'une rupture de symétrie.

Leibniz l'assimile même à la raison d'être des choses : elles existent plutôt que rien. On peut donc décrire le principe de raison comme une différentielle de sens et le dessiner au moyen d'une très petite flèche partant du centre absent et introuvable pour se diriger n'importe où. Son inclinaison paraît donc, comme l'éclair, en des lieux et des temps improbables.

D'où vient que l'ambidextre n'a pas de raison d'être : nul, sous le sens, à zéro, indécis, plat, non codé, malade pour n'avoir pas de manque. Le droitier ou le gaucher vivent dans un demi-monde et se couchent dans un sens, sur un côté, renversés dans une moitié. Fractionnaires, mais justifiés par la raison d'être ; aveugles, de plus, à leur complément mort, privés de lien virtuel à l'autre sens ; le mâle recherche la femelle qui appelle et le sexe brille du désir de l'instant sommateur alors que le partage du sens en est démuni. Rien ne laisse espérer à droite une rencontre avec la gauche, le pointillé vers elle s'efface. L'hermaphrodite, rare, se rencontre aussi fréquemment que les coïts même manqués ou que les femelles qui portent... alors que le corps complet dort sur ses deux oreilles, qu'il ne peut se renverser, ni se convertir jamais. Univers plein, un ou somme des demis.

L'ambidextre : neutre ; les deux autres : moitiés ; seul le gaucher contrarié fait le comble et l'unité. Zéro ; deux demis ; un individu indivis. Un monde ou plutôt un univers, des fragments ou rien. Qui n'est pas gaucher complet se voit contraint à l'analyse parce qu'il vit dans le partage et la destruction.

Qui se trouve comblé ne voit ni ne ressent de limite

et donc ne comprend pas coupure, manque, désir forcené de transgresser une frontière inaccessible dont il se demande par où elle passe. J'ai mis longtemps à comprendre ma chance inexprimable de ne pouvoir pas comprendre ces extravagances.

Comme celle, par exemple, qui consiste à répéter que toute société se fonde sur l'échange. Non : la flèche simple, asymétrique, plus élémentaire, donne sans conteste au parasite la place première, dangereuse, tragique, exposée. Il faut le droit, au moins, et de la morale, au plus, pour construire, patiemment, la double flèche des échanges, globalement équilibrés. Partout et toujours l'orientation commence ; reste ensuite à construire les différents équilibrages. L'échange, donc, arrive en second.

De l'écriture à la plume, notre temps passe aux claviers. Ici, combien de compositeurs manquent de main gauche ! Elle accompagne, disent-ils, servante, esclave, ombre de l'autre. Non, les mains dans le lacis des notes font l'amour entre elles, quelle barbarie coutumière d'en laisser une quasi passive ! Androgynes quelquefois en de miraculeuses partitions qui les font ouïr vraiment bilatéralisées.

Le piano lui-même figure un corps complet, bien à plat, partout codé, le corps ressemble à cette table même. Claviers coupés, tables brisées, où l'on ne peut lire que des fragments ou des analyses, pianos bas dont le haut se perdrait dans le gris, effacé par les nuages, instruments aigus où le bas s'oublierait dans l'ombre profonde, voilà les gauchers ou les droitiers. Or, demain, nous n'écrirons plus de cette seule main qui tient crayon et plume sur une page, orientés ou désorientés, mais à deux mains complémentaires sur des claviers ou autres consoles. La question de l'écriture s'en trouve changée : par chance, nous aurons à former aussi bien des droitiers complétés par leur gauche. Nous laissons la civilisation droite du style, pour entrer dans celle des claviers, planaire, volumineuse et décentrée. Cela nous changera, corps et âmes, et cela transformera le temps.

Chimère

Où sonne le centre du piano? Autour du troisième la? Oyez le *x* ou le *chi* de la gamme montante de gauche à droite rencontrant vers quelque milieu la cascatelle des notes coulant du haut vers le bas, écoutez la chimère et le point de recouvrement. A ce point gammé, vernal, gît le carrefour, sous la statue d'Hermaphrodite ; ce lieu printanier se trouve dans le corps, je le connais comme douleur et fontaine, cicatrice et source, trésor et pli secret, un lien y passe comme le pansement d'un second chemin et celui-ci comme ligature du premier. Ne déchirez pas le bandage de la chimère.

Nos ancêtres cherchaient, justement, le lieu mystérieux où le corps se noue à l'âme, les liens et plis de ce nœud.

Le gaucher contrarié ressemble à une chimère qui porterait son âme à droite, puisqu'il écrit du côté des œuvres de culture, et son corps à gauche parce qu'il y tient ses outils pour le travail qui gagne la vie ; voici un monde continu, passant par ses entrailles, qui unit le vivant à la culture pure, main pour labourer la terre ou trier le grain, main pour écrire finement le style ou composer la musique, passage échangeur par le lieu vernal où le labeur corporel se prolonge normalement, par le pansement, dans la pensée hautement abstraite.

Ce monstre complet, je veux dire normal, licorne, sphinx, femme-serpent ou sirène, construit un univers connexe, passant par les recouvrements du centre, qui unit la vie privée au collectif extérieur, main pour la caresse, côté pour le signe et le salut, où se touchent et se mêlent les espaces de jeux et le sérieux raffiné, gauche au ballon et droite à la plume, passage au point gammé où le sens de sensation se transmue en sens de signification, où la solitude s'ouvre, où l'attention libre devient productrice, où le rire se mélangera de larmes, où la rigueur s'affine en beauté.

Le gaucher contrarié-complété glisse constamment sur le pansement ou la connexion, pratique cent fois le jour l'échangeur par où la sueur industrieuse va aux singularités de l'art, par où le travail sot et têtu s'épanouit en œuvre, par où les fermentations pourrissantes de la terre finissent dans l'universel de la forme pure. Ligre ou tigron, issu de tigre et de lionne ou de tigresse et de lion, métis, Arlequin, animal croisé, dressé depuis toujours à la droite académique, demeurant gauche pour la vie banale et de base, il lie, noue, coud, articule, cicatrise, harmonise, a dû subir cent morts pour en venir là, déchiré sous le bandage dérisoire, âme lac de larmes au centre du thorax, bâtit son jeu à deux mains, passant, repassant, caressant et signant ce lieu milieu guéri vernal, neuf, solide, serein, plus jeune que l'enfance vieillie.

Il faut une croix pour repérer un centre et un chemin pénible pour y venir. Une seule droite ou un seul côté n'y suffisent pas. Il faut un corps croisé passant par les organes au centre, cœur, ventre, plexus solaire, sexe, langue, nez de sapience et de saveur, traversant la reconnaissance des lieux axiaux, pour que la langue commence vraiment, pour que le sexe apparaisse ; comment un gaucher, un droitier, partagés, peuvent-ils repérer leur centre, couchés qu'ils sont le long d'un même lit ? Un lit, pour les vents, ne fait pas une rose. Il en faut plusieurs, et qu'ils se croisent au centre du compas, pour que jaillisse le sens. Ont-ils un sexe, une langue, les malheureux, comment occupent-ils la rose multiplement croisée de leur cerveau ?

Un bord du corps très souligné, si fortement existant qu'il se prend pour référence, ramène à lui, fait perdre le centre, on pourrait l'appeler bord de gravité, rappelé toujours, comme une boule décentrée, à toucher le sol par le même côté : poussah. Même la masse globale, forte et sombre là, s'évanouit peu à peu dans la grisaille à mesure qu'on s'écarte de ce côté, jusqu'à flotter, quasi absente, de poids léger, de ton clairet. Le latéralisé ressemble à un étendard frissonnant dans le vent. Son corps a des terres rares, des lieux inconnus, des endroits dont la carte est blanche. Comment dire autrement, et quelque éclairage ou valeur qu'on donne aux nuances, que son centre, clair-obscur, participe de la conscience et de l'inconscient ? Langue taillée, sexe coupé. Ou le sexe est coupé, section, ou il est croisé, intersection. Corps coupé ou corps croisé ne définissent pas un centre équivalent, ni même la même bête.

Les deux bandes ou chemins se rencontrent dans le tiers lieu d'intersection, simple, double et croisé : absent, exclu, puissamment présent. Le cerveau est simple, double et croisé, comme un chiasme, comme une chimère : par elle, modèle du corps, nous pensons, au moins organiquement. Le gaucher contrarié a un corps modelé sur son propre cerveau, organisme complet qui renvoie sans arrêt au modèle central, en croix. Et à tous ses organes axiaux.

Pareillement simple et double et croisé, le sexe ainsi se nomme : section, parce que son partage doit faire apparaître du clair et de l'obscur, du conscient côté fort et de l'inconscient côté faible, dans le cas usuel des gens latéralisés ; ou bien on peut l'entendre au sens d'intersection, par la double orientation. La grande croix de la chimère dessine et produit cette intersection qui, de plus, veut dire produit. Découverte lumineuse : le sens produit le sexe, les deux sens en sont les facteurs. Le désir, au milieu, est la rencontre aiguë, incisive, vive de ces deux sens qui forment le monde et nous font participer à lui.

Le cerveau est simple, double et croisé, intersection et produit. Le sexe est simple, double et croisé. La langue, au centre, est simple, double et croisée, elle souffle toujours doute et triple, faite pour traduire, pour chanter le chimérique. Fourchue, la langue bifurque, parle à deux voix, à deux sens. Elle aussi est produite par le sens. Basse, aiguë, forte ou faible, claire, obscure, vraie ou fausse, rigoureuse, imaginaire, mensongère ou loyale, étrangère ou vernaculaire, attirante, répugnante, toujours polarisée. Sensée, insensée. Mais, soudain, passant d'un sens à un autre et, de là, au non-sens, par un tiers lieu.

Pli et nœud

Je ne sais pas, je sais ce qui se passe dans le centre. Je connais le recouvrement, je l'ai nommé le pansement, la croix ou le croisement. Quelle bande passe dessus, quelle dessous ?

Cette question élémentaire se pose quand on tient dans les mains deux brins et qu'on s'apprête à faire un nœud, ancienne pratique, marine ou tissandière, ou théorie des graphes, assez nouvelle. Dessous, dessus. On dirait que nous jouons à la main chaude. Pénélope la tisseuse entrelace les mailles ainsi. A l'endroit, à l'envers. Tout nœud complexe se résout en autant de plis locaux où la même question se repose. Dessus, dessous. Autre manière de lier la gauche et la droite, il suffit de s'incliner un peu pour le remarquer aussitôt. Les deux mains tissent ou tricotent ensemble, complémentaires, comme tout à l'heure elles concouraient sur les claviers. Simples et doubles, elles se croisent : dans quel sens ? Avant d'enseigner la console ou le clavier aux enfants, donnez-leur à tisser ou à tricoter.

Or donc, si l'on suit attentivement le langage, le terme complexe, venu du pli ou du nœud, désigne et même décrit une situation un peu plus entravée que la multiplication. Vouée seulement au nombre, celle-ci se moque du site, alors que celui-là en tient compte. Le complexe désigne un ensemble de plis quand il passe de l'arithmétique, pur décompte, à la topologie, qui ne déteste pas le chiffon.

Après tout, le complexe n'a jamais décrit qu'une telle situation, et, en physique, par exemple, un réseau, électrique ou autre, où des fils nombreux passent les uns sur les autres et les autres sous certains, donc ceux-ci à gauche ou à droite de ceux-là autant qu'on voudra : dessin de topologie combinatoire, nœud généralisé, nommé complexe pour la première fois par J. B. Listing, en langue allemande, et usité par Maxwell dans sa théorie des champs électroniques. Un tel réseau de fils ou de forces, intercepté quelquefois par des résistances, des capacités, les physiciens l'appellent volontiers un pont de Wheatstone.

Quand un tel pont s'équilibre entre deux bornes, aucun appareil de mesure ne peut le déceler. Le complexe alors est inobservable : ni vu ni connu. Existant donc, énorme et embarrassé parfois, entravé, entrelacé, mais pourtant noyé dans et par cette nullité de la différence de potentiel, il n'existe qu'en puissance, comme une mémoire noire, milieu entre la présence et l'absence, l'oubli et le souvenir, l'énergie locale et l'incapacité globale. Découvert là, l'inconscient, réseau admirable de mailles et de nœuds étranges, fait partie de la famille logique des tiers. S'il existe, il gît vers le milieu, et, comme lui, a tendance à se perdre dans le noir de la mémoire, puis à occuper tout l'espace et le temps.

Premiers souvenirs

Jour. Pendant le jour, Pénélope tisse, compose, bâtit sa tapisserie, selon le carton perdu dont nul ne parle, mais qui suit le plan et fait voir les scènes du voyage, l'île de Circé, Nausicaa qui lance la balle sur la plage, Polyphème aveugle au creux de la caverne, les Sirènes aux seins nus entourant le détroit de

l'enchantement... pièce à pièce, journée après journée, métier pour l'amante, étape pour l'amant, morceau de chant pour l'aède ou le trouvère, dizain de
vers pour Homère, comme si tous quatre produisaient
ensemble, sous l'illumination diurne, l'un sa course
sous la voile, l'autre la scène sur la toile, l'écrivain sa
page en rang, le chanteur sa partition de mélodie, à
chacun sa tâche journalière.

Nous suivons, écoutons, lisons, voyons les tableaux
divers, plongés dans l'incantation de la musique : la
magicienne fatale, la jeune fille avec ses compagnes,
le monstre borgne, et, rangées sous le vent de la
mélodie, lèvres ouvertes par le vent silencieux des
voix, les femelles poissons à la poitrine haute sur
l'eau, éclairées par le soleil.

Nuit. Or, lorsqu'il tombe sous l'horizon, que le
marin étouffe les voiles et que la lyre se tait, quand la
nuit interdit au génie d'écrire et au lecteur de lire et de
voir, on dit que Pénélope débâtit la pièce tissée,
qu'elle efface Circé, puis son île, que la balle disparaît
avant le bras de Nausicaa, que le Cyclope perd son
seul œil : les fils se dénouent, le tissu disparaît, les
notes tombent d'une portée qui s'effiloche. L'ombre
emporte ces fantômes, la mélodie s'involue dans le
silence... on ne voit plus des Sirènes ni la bouche
aphone et musicale ni les seins charmeurs présentés
au-dessus de la houle déliée.

Ce dénouement signifie que nous n'avons besoin ni
de toile ni de carte ni de partition gravée ni de poème
écrit ni sans doute de mémoire. La vie nous suffit et
nos entrailles noires. La pièce tissée hier, chaque suite
de mesures et de strophes entrèrent toutes claires

dans notre chair et l'oubli sombre, ensevelies vives dans l'ombre du corps ou l'âme obscure, pour la nuit des temps et sans prendre de place, pas plus encombrantes qu'un bras ou qu'un autre organe. On peut les défaire sans dommage. Elles restent là sans être là. La nuit se souvient du jour sans le contenir ; ce rien se rappelle quelque chose ; la mémoire, musicale, ne tient pas d'espace. Les voix entrent en silence et, là, travaillent, dans le noir, à la claire intelligence.

Notre souplesse contient la tapisserie débâtie, les cartons absents et la mélodie tacite, sans autre encombre que celle des muscles, des nerfs, du cœur. Fondu, le souvenir se fait chair : elle ressuscite à demi, déjà vibrante, de la mer noire.

Matin. Je crois ne les avoir jamais ouï chanter, nulle vieille grand-mère ne me les raconta, je n'en vis qu'une fois le profil fugace, je n'en lus qu'un mauvais résumé, cependant mon corps, ce matin, sans peine, restitue, levées de la mer et de ses grottes profondes, les brebis qui sortent, énormes, de l'antre noir du monstre borgne, l'inquiétante Circé qui fait émerger les matelots de porcs immondes, la balle qui bondit, dansante, hors de la mêlée où se jettent les compagnes de Nausicaa, les Sirènes muettes à la poitrine haussée sur les vagues chantantes.

Tous ressuscitent de la tombe vide, des fils dénoués, des versets gommés, du silence, de mes lombes, de l'absence, de la chair calme et vivante, de mon thorax sonore sortant de la mer sombre.

Toi qui entends ou vois surgir ces figures de l'ombre sous la lumière exquise de la musique, du récit rythmé ou de la scansion du tissage, oublie-les hardiment, défais en toi ce soir sans regret les fils qui les détiennent ou les notes et les mots qui les évoquent, tu fredonneras un jour pour tes petites filles, en comprenant ce soir-là, enfin, ce que tu appris jadis aveuglément : la fée magique et une joueuse de balle naïve, un borgne dangereux ou une aveugle victime et, tacites, les Sirènes chorales aux seins clairs au-dessus de l'eau — par cœur.

Oubliées en nos corps, les Sirènes se souviennent ; elles chantent le poème. Sans espace, la musique tient en nous l'île nulle de mémoire. Disparaît dans la chair, sans laisser aucune trace, la tierce place autour de laquelle bat le rythme et vibre la musique.

Rosace

Tremble et vibre dans le temps ce qui se passe au centre.

Le volleyeur et le gardien savent attendre et favoriser à la fois et dans le même instant la chute basse, le démarrage foudroyant vers un point loin, le jet rapide et court, le saut haut, l'évitement brusque de soi si l'attaque vient de face... gauche, droite, dessus, dessous, comment leurs membres se dénouent-ils ? Comment, je ne sais le dire, mais je sais que le corps sait le faire, car il dort et veille sur ses deux oreilles.

Il se pose, en déséquilibre, à l'écart, de tout côté. Il sait, ainsi, porter attention. Libre de sens. A brins dénoués, flottants, tous nœuds ouverts et non tranchés, bras et jambes blancs, tête vide ; circulaire comme une rotonde, haut comme un plateau à causalité nulle, il devient, si j'ose dire, possible. Immobile, en puissance de se mouvoir. La tapisserie de tout à l'heure se dénoue. On dirait la tache claire, irradiée en tous les sens, de la rose d'une cathédrale.

Attentif, en attente, le corps se pose. Les philosophes nomment thèse l'acte de poser : un objet, un fait, une affirmation vraie. Le corps ne se pose pas ainsi, comme une pierre ou la statue qui s'immobilise suivant les lois de la statique, reposant sur son socle et autour de son centre de gravité, stable, équilibrée, abandonnée aux règles du repos. Il arrive qu'on décrive le mouvement comme une suite d'équilibres, comme une séquence de repos.

Le corps fait la statue quand il dort et en devient une après la mort. Dans les deux cas, il repose, quelquefois posé sur une face. Gaucher du côté gauche, droitier de l'autre. L'orientation joue donc le rôle d'une deuxième gravité. Debout, je sens mes jambes lourdes et ma tête assez légère. Peau des pieds parfois blasée de corne, idées volantes, paroles émises dans le souffle. Comme si la sustentation produisait de soi des partages qui se disputent longuement dans l'arène des philosophes. Le spirituel participe du souffle, léger, le réel du lourd, important. Les opiniâtres ne se battent-ils que sur un vague sentiment issu du corps propre ?

Or si le corps fait la statue, par son poids, vers le bas, il en sculpte une seconde, par sa latéralisation, vers la droite ou la gauche. Il repose sur ses pieds, mais tiré vers un côté. Il faudrait dessiner une composante oblique qui donnerait la verticale vraie du vivant attiré sans arrêt par cette diagonale et qui formerait avec la normale l'angle de sa chute propre. Tout penche et s'expose du côté où il tombera.

Qu'on vous répute réaliste et l'on dit de vous que vous avez les pieds sur terre. Les pieds, non les mains ni la tête. L'important gît en bas. On oublie de vous demander quel pied d'abord : gauche ou droit ? Lequel, unique et bien déterminé, avez-vous déjà dans la tombe ? Voilà proprement la statue du corps propre, incliné comme tel colosse à l'antique, une jambe lancée pour donner l'illusion de la marche. Voilà son usuelle thèse : le repos. Il dort allongé sur un côté, tel pied devant. Voilà dessinées les forces de la mort.

Au contraire, il se lève, s'éveille ; attentif, attend. Sorti du repos, il ne s'abandonne plus : ouvert à toute éventualité. Ce qui va venir peut arriver de chaque direction à l'horizon. Il a soin d'effacer alors toutes les forces qui faisaient de lui une statue posée, une thèse statique. Pourtant il ne bouge pas, mais efface l'angle de chute fatal, gomme au mieux sa gravité en inondant de subjectivité son élasticité musculaire, oublie vite qu'il incline vers un sens et se pose autrement, joueur de tennis montant à la volée, gardien de but en alerte, veilleur. Il remplit son espace équivalemment : haut tout autant que bas, droite comme gauche, il laisse préférences et déterminations, abandonne ses appartenances et sait d'autant mieux le faire qu'il a traversé souvent le vieux fleuve blanc. Le voici corps complété.

D'où l'on voit que l'opiniâtre, qui crie pour la gauche ou la droite, ou pour le bas réel ou pour le haut spirituel, manque vraiment d'attention. Il ne se garde pas, comme un fils jadis le demanda au roi son père, à gauche et à droite. Le veilleur qui épie ou le chercheur appliqué, suspendu, devient tout aussitôt gaucher contrarié.

Celui-ci, à l'inverse, fait toujours attention, comblé de virtuel, débordant de possible et de capacité ; tout

en puissance, à la lettre, il s'expose en tous les sens,
comme un petit soleil. Il a effacé pendant sa passion
toutes ses déterminations, ou, mieux, les a complé-
tées. Non point ni ange ni bête, puisque la double
négation produit un neutre stupide et nul, mais ange
et bête ensemble, errant sans appartenance, corps
mêlé, accédant au possible. L'existant est possible
d'abord. Le corps entre dans la capacité. Exactement,
il monte en puissance, remonte en amont de tout
passage à l'acte. Ne disons pas ici le corps indécis,
quoiqu'il se place en amont de toute décision,
quoiqu'il précède la coupure. L'indécision dit une
maladie de l'aval et la pré-décision la puissance de la
source. Pré-cis, cela se dit en meilleure langue :
vierge. Le corps attentif blanchit comme neige virginale. L'attention et l'attente remontent vers la blancheur. Tout le corps cherche le voisinage du centre
pour se lover dans le possible. Impossible ? Il habite
ses petits modèles réduits : cerveau, sexe, langue,
petits corps croisés. Il quête le pli du croisement, lieu
où les sens s'échangent ensemble, comme fondus
enchaînés. Changez de sens, vous vous obligez à
l'attention. Celle-ci ressemble au soleil des rosaces :
exposition en tous sens.

Arlequin devient Pierrot.

Le cerveau, le sexe, la langue exposent des possibles en attente, eux-mêmes organes ou fonctions du
possible. Au point de croisement, la question du
nœud, gauche, droite, dessous, dessus, ne se pose
plus, sa forme, plutôt, s'expose. Le carrefour, ouvert,
desserré, translucide à ses voies, appartient à tous les
chemins, de manière stable et instable. Place blanche,

rond-point étoilé, flottant. Tout frémit autour de l'axe ou du centre transparent et dans son voisinage. Le cerveau attend, immense complexe de surveillance, oscillant multiplement, tremblant, vibrant dans le temps comme son propre électroencéphalogramme. Le sexe hésite, blanc d'attente et de capacité ; brillant exactement de puissance, il bat ; la langue doute et s'embarrasse, réticente, blanche de possible, comme un plateau à causalité nulle, oscillante comme la musique et les sons qui la portent, étincelante.

Ensemble de tremblements, marques essentielles, et, peut-être, secret, de la vie dont on reconnaît la naissance aux tressaillements, réguliers dans le cas du cœur, chaotiquement erratiques et complexes pour la tête et pour le système nerveux.

Trille, musique

Revenons à la petite flèche différentielle, minuscule écart, fondamental, de notre raison d'être. Se coucher du côté gauche ou droit, passif, nous éloigne de cette flèche, beaucoup. L'inquiétude, infime, faseye près du centre absent : écart originaire au repos. Droitiers comme gauchers dorment au fond du lit d'un sens mort, comme on dit le lit du vent ou le bras mort d'un ruisseau. Il faut que le gaucher s'expose vers la droite et le droitier vers la gauche pour se réveiller de leur quiétude animale ou de leur sommeil mortel, pour réchauffer leur paralysie. Ce faisant, ils passent par le centre.

Celui qui part d'une rive et la laisse mais la garde pour tenter de regagner celle d'en face et l'habiter, l'adopter, transite par l'axe de sorte que le corps expérimente la déchirure dans le thorax ou le ventre, au milieu de la bouche ou entre les yeux, faite par la flèche originaire. Ecartelé par son envergure, exposé. Comme il hante les rivages gauche et droite ensemble, il doit traverser sans cesse, donc sa vie, son temps et son lieu naturels vibrent, tremblent, frémissent, tressaillent, vacillent, hésitent, doutent autour de la faille inquiète, toujours en éveil, sonnant comme une corde vibrante.

L'orientation originaire part du centre absent et introuvable comme si elle s'y enracinait : l'éclair qui le signale et le cache par ses éclats et occultations clignote partout comme un petit soleil.

Nous ne trouvons pas le centre et nous inclinons à le quitter. Nous penchons à droite, à gauche, pour nous en écarter. En avons-nous peur ? Nous ne savons ni ne pouvons habiter sur cette faille, cet axe ou dans ce tourbillon : qui bâtirait sa maison au milieu du courant ? Aucune institution, aucun système, nulle science, nulle langue, pas un geste ni une pensée ne se fonde sur ce lieu mobile. Qui est le fondement ultime et ne fonde rien.

Nous ne pouvons que nous diriger vers lui, mais, au moment même de l'atteindre, nous le quittons, poussés par les flèches qui en partent. Nous n'y passons qu'un instant infinitésimal. Temps et lieu de l'extrême attention.

Nous nous tournons. Par le même effort et dans le même élan, par le même mouvement, nous nous dirigeons, mais en sens inverse, vers lui. Et, de nouveau, emportés, nous le dépassons au moment de l'atteindre. Nous n'y restons qu'un laps de temps court. Alors nous nous retournons. Nous reprenons, à l'inverse, le même chemin, attirés par cette absence, et indéfiniment repoussés par elle. Nous nous retournons encore. Nous traversons sans trêve le fleuve, en oblique ou diagonale ou transversale, dans tous les sens possibles de l'espace et du temps, retour, aller, de droite à gauche, d'avant en arrière, de bas en haut, dessus, dessous.

Ainsi naissent le rythme, les balances, les mesures, les berceuses, les rengaines, les comptines, la musique, ritournelles, mélopées, à deux temps et à deux pieds, à quatre pieds ou à trois temps, brèves, longues, brèves de nouveau, rimes féminines, rimes masculines, embrassées ou alternées, la danse, la valse, le pair et l'impair, les jeux d'ilinx c'est-à-dire de vertige, le hamac à la mer dans le tangage et le roulis turbulents, les prières et les rites, la cloche qui sonne régulièrement, toutes vibrations avant la langue, tous mouvements passant et repassant sur le centre absent où nul ne peut jamais s'arrêter, entre le néant et l'être, pôle ou fondation ultime qui ne supporte rien qu'à l'écart de soi, voici pourquoi l'expérience, l'existence et l'extase s'expriment par le même mot d'exposition disant l'écart à l'équivalence... ivresse, ravissement, couronnant l'ébranlement géminé de l'amour. Soleil.

Tout suit de la tierce place dans le double sens.

Danse : menuet de la tierce place

Les hommes et les femmes dansent ensemble face à face, mais leur ligne respective, légèrement, se décale, de sorte que chaque femme se place devant l'espace vide entre deux hommes et ne voit que lui, pendant que chaque homme ne répond qu'au même manque entre deux femmes. Toute femme prétend aimer cet intervalle troué, tandis que les hommes racontent leur amour pour l'absence de femmes environnée de femmes. Ainsi chacun se retrouve seul dans sa suffisance morne et son malheur.

Alors, las de souffrir, chacun ouvre les bras, comme faisaient jadis les suppliants, et toute main rencontre une main à sa gauche et une autre à sa droite : une sorte de chaîne croisée se forme, alternée. Chacun entretient un rapport amoureux avec les deux correspondants qui bordent l'intervalle qu'il comprend comme la part de son destin, mais comme les deux autres, aussi bien, ont relation aux deux ombres qui, en face, encadrent leur espace, aucun d'eux ne voit personne ni ne parle à personne et aucun ne lui répond : cette chaîne de supplications produit la multiplication du besoin de supplier. Double barre. D'où s'ensuivent les figures de la danse, par stations et par passages, et leurs substitutions infinies.

Maille élémentaire ou trame des rapports humains réels, jamais droite mais en multiples arabesques, ganses, boucles ou hélices dans les chambres ou les salles, sur les places, cette chaîne en quinconce ressemble à une portée musicale où les notes prendraient à peu près la même place pour qu'on puisse entendre une forme familière sur un rythme régulier, galop, tango, be-bop, menuet ; il émane de la ligne, continue depuis que notre monde est monde, la rumeur monotone qui chante l'indéfini mal d'amour.

Figure centrale de la danse. La tierce philosophie aime les corps mêlés. *Post coitum omne animal triste ;* cela définit, en effet, très bien l'animal : comme ce qui s'attriste après le coït.

Donc est homme qui, après le coït, rit.

Magnificence

Je reconnais en moi un être-là tranquille et stable, noyau dense qui ne bouge pas, comme s'il ressemblait à mon centre de gravité ou s'y rassemblait. Sujet certes, puisque rien ne gît sous lui, posé, déposé au plus bas. Le corps lui-même se couche ou se love autour de cette position abaissée, mais lorsqu'il se lève, se lance, saute, marche, court ou nage, passe la balle ou évolue, tient un outil ou regarde, voyage ou fait attention, connaît, invente, il tourne encore par rapport à ce point.

Qui suis-je d'abord ? Cette pierre noire. Poids résultant et surbaissé des vecteurs de la paresse et de mes passivités casanières, il se dirige vers le centre de la Terre. Bien que localisés diversement, les hommes au total ne jouissent que d'un seul être-là, qui fait leur genre ou leur espèce, racine unique de vie et de signe qui donne à l'homme le nom de l'humus. Cette flèche de pesanteur se dirige vers la mort, commune, sans doute logée au même centre.

Alerte ! Attention ! Tel événement, cette humeur, un projet ou la pensée passent, requièrent, sollicitent : alors vient un décalage. Exactement l'écart de la marche : l'enfant va chercher fortune dans le monde, lance un pied par rapport à l'autre posé, enraciné, racine dirigée vers le centre de la Terre, quoiqu'il couvre une localité.

Par un déséquilibre sans souci ni assurance, avec une inchoative inquiétude, rieuse et risquée, l'être vient de déposer le là. Il s'expose. Il quitte l'abaisse-

ment et s'élève. Croît et lance sa ramure. Saute. Il
laisse le stable et s'écarte. Marche, court. Il laisse la
rive et se lance. Nage. Il abandonne l'habitude pour
essayer. Il évolue. Donne. Offre. Aime. Passe la
balle. Oublie sa terre propre, monte, voyage, erre,
connaît, regarde, invente, pense. Ne répète plus. Je
pense ou j'aime donc je ne suis pas ; je pense ou j'aime
donc je ne suis pas moi ; je pense ou j'aime donc je ne
suis plus là. J'ai appareillé de l'être-là.

Mesurons l'empan du pied gauche au pied droit, la
hauteur du saut, le dénivelé de la course, largeur de
vues, volume des connaissances, l'espace que
l'errance dessine, la carte du désert traversé. Cette
distance sépare l'animal de l'arbre et l'arbre du sable
stable. L'être-là s'enracine de ce lieu vers le centre
commun du monde et pèse au plus bas sur cet axe, on
dirait un végétal. Ouvrir l'écart à cet équilibre immobile projette un second point ou lieu qu'il faut bien
appeler exposé : décalage qui invente un espace entre
la position et l'exposition. Ecart ou décalage ne se
réfèrent plus au centre de la Terre ni à la communauté
de l'invariance et du poids.

Qui suis-je ? D'abord cette indéracinable position
stable. Arbre ou végétal, quelque légume. Qui suis-je
ensuite ? Je ne suis plus là, je ne suis pas moi, je
m'expose : je suis cette exposition-là. Je suis vers
l'autre pas, non plus en l'enracinement, mais aux
extrémités, mobiles par le vent, des branchages, au
sommet de la montagne, à l'autre bout du monde où je
pars, mouvement animal, reptation, vol, course... je
suis aussi cela que je connais, interroge ou pense,
statue, cercle ou toi que j'aime.

Enfin qui suis-je, au total ? L'ensemble du volume
entre l'être-là et le point exposé, entre la position

déposée en ce lieu, thèse le plus souvent basse, et l'exposition. Cette distance couvre au minimum tout l'arbre et un immense espace, parfois. J'appelle cette dimension grande : l'âme.

Magni-ficat anima mea : cette grandeur, à la lettre, produit, construit, fait mon âme. Toujours proportionnelle à l'exposition. Les grandes âmes s'exposent beaucoup, très peu les pusillanimes. La joie les remplit, les comble, comme peuvent les approfondir la misère et la douleur.

Appelons magnificence le travail dans le thorax de cet écart, de mesure ou de volume médiocre ou ample, entre les deux pôles de la position, point bas et stable du lieu ou là, posé, déposé, d'une part, et point haut, non-lieu ou élargissement de l'âme, risque et libération, explosion. Pas d'être animal ou animé sans ces deux points, pas d'être humain, même mesquin, sans voyage dans ce décalage. La mort vient de retourner à l'être-là, en bas.

Décrivant par mesure exacte la construction de l'âme, au moment même où elle se forme, par dilatation ou travail dans l'utérus d'un nouvel espace sous la force d'un vivant équivalent au verbe, le psaume nomme ces deux points : l'humilité de la servante, pour la partie basse, évoquant ainsi l'humus, donc l'homme en même temps que la terre ; et pour le Très-Haut, la sainteté de Dieu. Il n'est pas déraisonnable, en effet, d'appeler Dieu l'ensemble infini de tous les points d'exposition. En retour, il fait en moi de grandes choses : *fecit mihi magna...* mots qui répètent le *magni-ficat* à l'identique, mais en inversant leur ordre. Dieu magnifie mon âme ; mon âme magni-

fie Dieu ; écart entre rien et tout, la grandeur fait
Dieu et mon âme.

Joie, dilatation, engendrement

Sur cette échelle debout, la servante mesure deux
fois le volume en formation : d'en bas, par sa joie,
exultation, exaltation, noms verticaux de l'exposition ; d'en haut, par le regard que Dieu lui-même
jette, en arrière, sur son humilité ; hauteur donc mesurée deux fois, directement et à l'inverse. Résultat
quasi métrique : l'espace de l'âme occupe l'écart, à la
lettre exalté, de la Terre à Dieu.

La plus modeste expérience de la joie confirme que
l'âme remplit de son chant la gloire des cieux ou, de
son néant, le monde. Et de même pour le temps : la
béatitude court de génération en génération, de sorte
que l'âme béate habite l'omnitude déployée de
l'espace et de l'histoire.

Accompagnée de la joie, l'expérience ouvre cet
espace, qui va de là vers ailleurs et peut aller de la
Terre à Dieu, pour la construction ou la dilatation de
l'âme, par le frayage ou le percement d'un passage,
d'un seuil, d'une porte, d'un port, par lesquels accéder à l'un de ces lieux exposés. L'expérience les
traverse et s'expose. Entre rien et tout, elle lance un
espace et un temps, comme un bras libre et flottant.
L'extase exprime une fin de ce voyage, un établissement, temporairement stable, ou, mieux, un écart à
l'équilibre autour de ce point exposé, à son voisinage,
une différentielle de temps.

Programmé, l'instinct bestial se ferme sur soi, posé.
L'animal est un être-là. En s'exposant par l'expé-

rience, l'homme entre dans le temps et l'ouvre. Pas d'humain sans expérience.

Appelons âme la variété d'espace et de temps dilatable de sa position natale vers toutes les expositions. Ainsi le thorax, l'utérus, la bouche, l'estomac, le sexe et le cœur se dilatent et se comblent : de vent, de vie, de vin, de chansons, de biens, de plaisirs, de l'autre ou de reconnaissance — de faim, de soif, de misère et de ressentiment, aussi. L'envergure s'élargit de joie et de malheurs. Nous sommes cousus de tissus élastiques. L'élevage ouvre dans le corps une tierce place pour la remplir d'autres. Il devient gros.

Joie. Revenu dans la vallée, j'habite encore le sommet de la montagne que la semaine dernière j'ai gravie, je me dilate d'ici en haut, oui, d'ici-bas vers le Très-Haut ; mon âme, basse, hante, de sa variété de temps et d'espace, le dôme du Goûter, le mont Blanc et le glacier des Grands-Mulets. Non, je ne m'en souviens pas, mais leur magnificence, entrée en moi, y demeure : il a bien fallu que mon corps s'agrandisse, comme il s'élargit jadis aux dimensions du massif de l'Everest. *Et exaltavit humiles...*

Ainsi, j'ai dressé ma tente, depuis ma plus fragile jeunesse parmi les idéalités mathématiques, là-haut, et les longitudes lointaines, au-delà de l'eau. J'erre par le monde et les arrière-mondes, l'abstraction hardie, les paysages, les cultures et les langues, les castes sociales... mon âme s'expose en connaissances, comme elle se risqua et reste encore sur la glisse des glaciers. Ouvrir la porte, percer la paroi, à la limite s'exposer à la mort. Une vie d'expériences fraie le passage, court ou long, stérile ou fructueux, du néant à la mort, en transitant par la joie, indéfiniment dilatée.

Pas d'humain sans expérience, sans cette exposition qui s'avance jusqu'à l'explosion, pas d'humain sans ces dilatations.

Soudain celles-ci, au beau milieu du corps, se remplissent d'un tiers, qui est moi sans être moi. Dans l'élevage, le moi s'engendre.

Les grandeurs sociales, fausses, annihilent cet écart : superbes, riches et potentats se posent eux-mêmes sur leurs propres lieux, sur leurs sièges, leurs biens, leur puissance, leur gloire, et, en les écartant respectivement de ces lieux, dispersés, de leurs richesses, vides, et de leur pouvoir, renversé, Dieu les grandit, en fait, ou les magnifie... *deposuit potentes de sede... et divites dimisit inanes...* Alors seulement, l'écart se reproduit et ils redeviennent grands, grands par la dispersion ou l'inanité, grands parce que déposés, trois mesures vraies de grandeur et de volume.

Expérimentant, de faim dans la poitrine, l'estomac, l'utérus et le cœur (*re-cordatus miseri-cordiae*, voici, encore, une largeur mesurée), l'espace immense de mon âme exposée, je reçois, humble, au point bas du lieu terrestre, les biens ruisselants du point haut, non lieu de Dieu, qui remplissent jusqu'au comble... *esurientes implevit bonis...* ce magnifique écart qu'on appelle moi.

Le psaume de la Vierge invente l'âme comme la mesure, en grandeur et volume, de cette dilatation. Ontologiquement, l'âme est grande ; la grandeur, métriquement, la produit. L'âme est joie, psychologiquement. Ethiquement, la contraction, inverse, le rapetissement la détruisent : péché mortel de petitesse, de pusillanimité.

Sans connaître sens ni direction, notre errance va de l'être-là vers l'exposition, de l'humilité, véritable essence de l'humain, vers le non-lieu absent et haut, notre accomplissement, et ce mouvement crée l'écart de l'exaltation, notre grandeur et notre être, écart vide ou plein, misérable et joyeux. La misère et la joie ensemble comblent l'expérience fondamentale que nous pouvons avoir de l'être, de la vie, du monde, des autres et de la pensée.

Elle se réfère peu à un lieu sujet, mais surtout à cet espace dont le sujet, humble, ne constitue que la lèvre ou le bord inférieurs et dont le second lieu, exposé, marque l'autre extrémité : exactement, le bord de l'autre. Ainsi mon âme, à la tierce place, équivaut à cette grandeur que limitent, en bas, le moi local de la terre, et, en haut, une foule d'autres de tous ordres.

En ces lieux hauts, exposés, sans lesquels nous ne sommes rien — un moi sans joie —, habite Dieu soi-même, appellation omnivalente, universelle, inté- grale, somme dont les versions indéfinies se nom- ment, tour à tour, le dôme du Goûter, telle idéalité, cet aéroport au bout du monde, toi que j'aime et qui m'aimas, le monde dont la beauté m'émerveille et auquel je me donne, l'objet que j'observe et qui m'emplit d'information, la pensée que je développe et le langage qui ruisselle sur moi, la foule douce de ceux autour desquels je gravite, toi, vous, étrangers ou familiers… il n'y a donc pas d'homme sans Dieu, sans cette fonction-Dieu, sans la création et l'expérience de cet abîme exposé dont je ne suis que le rivage bas, une lèvre locale et terreuse, sans cet espace haut et grand, dilatable, que j'expérimente ici et maintenant dans mon thorax, mon cœur, mon estomac, mon utérus, mon âme… sans cette ouverture vers la somme de l'altérité.

L'espace dilaté par l'apprentissage, l'autre le remplit d'un être, tiers, moi et non-moi, dont, un jour, je n'accoucherai pas.

Dans le sujet, première personne, les autres engendrent une troisième personne, enfin bien *élevée*.

Matin. Ténèbres. Silence. Eveil. Petits gestes déjà vifs. La voici prête, la force neuve. Amorcée, la bombe. Offerte, la joie. Que faire ? Oui, entreprendre, et, certes, en grand. Partir au-delà des mers, construire, découvrir... L'enthousiasme tire, à l'aube, le retour au monde, lui et moi revenus au matin de la création. Omnipotence : tout redevient possible. Magnificence : cette puissance tend à la grandeur.

Laquelle ? Où, comment et pour quoi ? Alors, au moment de décider, dans le souvenir de l'histoire, qui ne façonne de grandes choses qu'au moyen de morts, des pieds jusqu'aux yeux et d'une épaule à l'autre, mon corps, fait pour elle, pleure la grandeur. Présente en lui, évidente, envahissante... inemployée.

Ne la forme, ne la montre, ne la donne rien de social ni d'historique, sauf par crimes et mensonges ; ni la victoire qui piétine mille vaincus, ni l'excellence qui dépose la cohorte des médiocres.

Or, d'expérience assurée, depuis mon enfance, violente, pesante, exigeante, en moi gît et se dilate la grandeur. Tous les jours donc, elle réveille une énergie prête, voilà déjà plusieurs décennies, à se précipiter au premier appel, veilleur attentif, serviteur fidèle, dévoué jusqu'à mourir, mais n'obéissant qu'à elle.

Cette omnipotence matinale libre, cette exigence immense, peut s'épuiser dans une œuvre ; mais celle-ci n'atteint la grandeur que rarement et sans doute anonymement, car il ne s'agit pas de moi, mais d'elle qui produit et enfantera de moi. Alors, la puissance inemployable reste intacte, juvénile et fraîche jusqu'en la vieillesse. Exactement virginale. Elle chante le *Magnificat.*

Or rien ne peut faire de cette expérience une exception. Chacun, sans doute, au moins un jour, éprouve cette dilatation formidable de l'être, en volume, force et virtualité explosives, cette brise libre, cette grandeur en chômage, vierge quoi qu'on fasse, l'infini regret de rester à côté : la possibilité infinie d'apprendre.

Pourquoi s'entêter à ne point nommer l'âme cette intensité vacante, monde et pensée possibles au beau milieu du corps, comme une rosace ou un petit soleil?

INSTRUIRE

Jour. Ni le Soleil ni la Terre ne se situent au centre du monde. La philosophie glorifia autrefois la révolution copernicienne d'en avoir chassé notre planète, mais Kepler découvrit que le mouvement général des astres suit des orbes en ellipse, qui se réfèrent, certes, ensemble, au donateur solaire de force et de lumière, mais chacun, de plus, à un second foyer, dont nul ne parle jamais, tout aussi efficace et nécessaire que le premier, une sorte de deuxième soleil noir. Au soleil blanc, brillant et unique, correspondent plusieurs foyers obscurs qu'on peut réunir dans une sorte de zone de forme annulaire, exposée, je veux dire posée à l'écart du Soleil.

De plus, aucun de ces deux pôles ne se trouve au milieu.

Le centre réel de chaque orbite gît exactement à une tierce place, juste entre ses deux foyers, le globe étincelant et le point obscur. Non, ni le Soleil ni la Terre ne se trouvent au centre, mais une tierce zone perdue, dont on parle encore moins que des partenaires solaires.

De même, un éloignement mesurable sépare du soleil de la connaissance un second foyer noir, au moins aussi actif, quoique sombre. Terme d'usage courant, la recherche, dont la racine latine se tire du cercle, de même que l'encyclopédie, mot savant que Rabelais, docte, recopia, en grec, du précédent, disent ensemble la gnoséologie circulaire, centrée uniquement sur un dispensateur de lumière. En parlant de centre de recherche, la langue, redondante, radote et retarde, car il existe, dans nos savoirs, des seconds foyers à l'écart du premier, qui courbent les cycles parfaits de manière excentrique. Oui, la connaissance fonctionne elliptiquement, comme Kepler le dit jadis du système planétaire.

Les faibles et les simples, pauvres ou illettrés, toute la foule douce si méprisée des doctes qu'ils ne la tiennent que comme objet de leurs études, les exclus du savoir canonique se règlent souvent sur les points noirs, sans doute parce qu'ils ne les aveuglent ni ne les accablent ou qu'ils les soutiennent autant que le soleil ravit les philosophes. En outre, les savants eux-mêmes reconnaîtraient-ils les moments solaires de connaissance puissante s'ils ne se mélangeaient à des heures longues de soleil noir ? L'intuition vraie s'accompagne-t-elle d'une indispensable faiblesse ? Et que lui doit-elle ?

Pour la clarté, la connaissance s'excentre, comme le monde, mais, comme lui, dans son élan, l'énergie de son mouvement. Nous ignorons ce qui nous incite à quitter l'ignorance, motivations et finalités, plus encore ce vers quoi va le savoir. La motricité se trouve partagée entre la source aveuglante de lumière et un second point obscur. Le non-savoir borde le savoir et s'y mélange. Une, concernant le même monde et les mêmes hommes, la recherche tourne, selon ses objets, autour d'un centre également distant des deux foyers.

Mesurer l'écart constant de ces deux pôles, estimer ce que l'étoile flamboyante doit au point aveugle et celui-ci à la première, chercher les raisons d'une telle distance, évaluer la productivité de la zone obscure et même la fécondité de cette double et non plus simple commande ou régulation attractive — que perdrait l'une sans l'autre? —, voilà le programme de la Tierce Instruction, suivant la loi de Kepler.

Que dire des nouveaux centres? On appelait jadis *centon* un poème dont les vers ou les fragments de vers venaient d'emprunts à des auteurs divers. Par extension, nous devrions nommer ainsi toute sorte d'ouvrage, littéraire, historique, musical ou théorique fabriqué de pièces et de morceaux recopiés. Transcrivez un modèle, on vous traite de plagiaire, mais si vous en copiez cent, vous voilà bientôt docteur. Exemple : cette étude des racines gréco-latines du mot centre se réduit à un centon. Mot peu usité, en vérité, alors que le pot-pourri qu'il décrit se présente fréquemment.

La langue latine, donc, connaissait déjà le mot et la chose, on y composait déjà de ces salmigondis, aussi appelés satires, d'où l'on voit que la paresse n'a pas d'âge. Mais avant de désigner un tel mélange de morceaux choisis, à réciter, chanter ou citer, elle appelait *cento* un pan d'étoffe rapiécé, un lambeau de tissu composite, voici revenu le manteau d'Arlequin, comédien placé au centre de la scène et de ce livre.

Le mot français dont je regrette l'effacement parmi l'abondance des objets qu'il devrait désigner, comme son équivalent latin, renvoie au grec *kentrôn,* qui traduit exactement *cento* et le centon, poème à morceaux pris à diverses sources et manteau rapiécé, l'un jouant le rôle d'image de l'autre. Mais, avant et d'abord, *kentrôn* désigne l'aiguillon dont le laboureur stimulait, naguère, la couple de bœufs à la charrue, l'arme au ventre de l'abeille ou à l'arrière du scorpion, mais aussi un fouet à clous, instrument de supplice.

Or le même mot désigne l'outil de la punition et celui qui la subit ou la mérite, la victime. Le centre donc finit par dire le misérable, condamné aux étrivières ou à l'aiguillon mortel et en décrit la place. *Kentrôn* alors traduit le centre du cercle, le point aigu, la singularité, situés en son milieu. L'endroit des planches, exactement, où Arlequin se déshabilla. Je ne me souviens plus dans quel village de mon enfance on appelait la place centrale de ce nom : place des Centons.

Toute seule, sans travail, la langue parle à plusieurs voix et raconte sans moi l'effeuillage du prélude. Voici le manteau, centon rapiécé, plus le récit simplement additif et composite de la chute des feuilles successives de l'habit ou des pages qui relatent le déshabillage, voici, de plus, l'Empereur de la Lune au centre, devenu la risée du public et bientôt sa tête de Turc, sous les lazzis et les sifflets, voilà enfin ce qu'Arlequin porte au centre de son centre, au sein de tous les plis de ses habits, ou en dessous de tous ses dessous : ce qu'il est, un et plusieurs.

Il est le point central où il est, réunion bariolée, en un point d'intersection indivisible, des directions et des mondes alentour. Le manteau de ce paon vaniteux scintille des yeux de ceux qui le regardent, regards bleus et noirs, œillades vertes et noisette. Le mot centre à lui tout seul dit ensemble l'un et le multiple, l'un par sens spatial patent, intersection, et l'autre, réunion, par racines linguistiques cachées ; les deux enfin, en géométrie.

Suivant l'histoire des sciences, la langue raconte que le centre du cercle ou que le centre en général, cette idéalité pure, loin de désigner, au départ, le lieu calme où l'on débat dans l'égalité démocratique sereine, décrit la trace laissée par l'aiguillon, la stimulation sous un style distinct, mais aussi le clou et le fouet du roué, le lieu du supplice et la place du roi ridiculisé : la géométrie arrive en dernier lieu, traînant derrière elle ce passé, comme une queue de comète noire derrière le cœur brillant. Quelque saint Sébastien traversé de flèches gît, fiché là, percé, flagellé, derrière ou sous la transparence de ce pur concept de centre dont la limpidité cache, mieux qu'un écran, ces résidus de haute formation archaïque. L'histoire des sciences laisse place, en amont d'elle, à une anthropologie de la géométrie, que celle-ci, pure, oublie.

Apparaît le second soleil noir, à l'écart de l'éclatant ; notre éblouissement spéculatif devant le centre du cercle l'occulte. Il y a de l'ombre au voisinage de cette lumière et, sous ce concept serein, de la douleur.

Au centre gît le centon : recouvert de pièces, composé de morceaux. En cette singularité à la limite ponctuelle et presque absente, le monde entier se réunit et se rencontre, se juxtapose, souvent, ou se fond, quelquefois.

Au centre gît le sujet, jeté sous ces pièces, récepteur d'information et de douleur.

Elevage, instruction, éducation forment ce sujet central, à l'image du centre du monde. Brillant et sombre, le monde converge vers lui.

Nuit. L'imagerie astronomique, dont les fastes courent de Platon à Kant et au-delà, pour canoniser les rapports du savoir et de la lumière, du monde et du sujet, tient rarement compte de ce que les observateurs, noctambules, travaillent le plus souvent de nuit.

Non seulement la connaissance s'excentre et réclame l'appui des deuxièmes soleils noirs, mais le centre même, mi-lieu quasi nul, s'ensemence soudain parmi l'univers, milieu immense où le monde terrestre, solaire et planétaire, se réduit à un canton. Au cours de longues nuits sombres s'observent, mêlées, ces lumières et ténèbres issues de milliards de soleils brillants et de trous dits noirs.

Canonisé par l'écrasante royauté du jour, notre savoir érigeait indûment le système solaire, local, en loi générale. Or midi ne signifie plus que la principauté petite d'une naine proche. Nous recevons de loin la lumière d'autres soleils, géants quelquefois, mais noyés d'ombre.

Non seulement, selon la révolution keplérienne, le soleil a quitté le centre, mais il en existe des myriades. Absent ou presque de la première figure, le centre se reproduit, multiplié, parmi la totalité de l'univers. Son quasi-néant s'ensemence indéfiniment. La révolution astrophysique en a perdu le compte.

Il existe des sujets partout, parmi la lumière et l'ombre.

Traduits de l'espace dans la durée, la nostalgie ou le narcissisme, qui rêvent d'un sujet au centre de tout, engendrèrent l'étrange idée qu'il existe deux ana-

logues de ce centre dans le temps · le commencement
et maintenant, ce dernier continûment optimisé
comme le moment où nous savons au mieux le plus de
choses.

Pourquoi, en effet, comme l'espace, le temps ne
s'ensemencerait-il pas, lui aussi, d'une infinité de
centres ou instants capitaux? Combiens de commencements et de fins ont vraiment lieu en ce moment?
Oui, maintenant toujours commence un nouveau destin, ou, si l'on veut, clôt une ère ou demeure genti-
ment indifférent. Choisissez parmi ces vérités équi-
valentes.

En tiers entre deux pôles, brillant et sombre, le
centre, de nulle part passe partout, espace ou temps,
et, de rien, devient multiple.

Il ne donne pas seulement la lumière, mais aussi la
force, par son rôle d'attracteur. Depuis Kepler,
chaque planète ne se trouve pas uniquement attirée
par le soleil, mais aussi par l'autre foyer noir. Désormais nous connaissons une multiplicité d'attracteurs
de formes diverses produisant des ordres chaotiques.

La recherche ou l'encyclopédie des connaissances,
autrefois réputée ronde, suit une histoire équivalente,
devient elliptique ou à deux foyers attractifs chez
Auguste Comte, déjà, par les sciences exactes et les
sciences sociales, physique et sociologie, avant de se
disperser aujourd'hui et de jouir, elle aussi, de plusieurs centres ou attracteurs; changent la forme et le
concept de l'ancienne encyclopédie; on ne peut pas,
tout de même, la nommer *chaopédie!*

Cela ne signifie pas que l'on quitte les lois, mais que
baisse la prévision jusqu'à une certaine imprédictibi-

lité. Cela rapproche les sciences et les choses mêmes, puisque nul ne sait ni ne peut prévoir l'invention des lois, même si elles demeurent le comble de la raison et du déterminisme. Dans les deux cas, du savoir et de l'univers, il y a histoire, par ce mélange de prévision et d'imprédictibilité ; inversement, concevoir l'histoire devient désormais facile, puisque ne cesse nulle part cette rencontre de la raison déterminée avec le chaos.

Un certain désordre favorise la synthèse.

Clair-obscur

Le soleil perd la seigneurie de la connaissance : il n'est plus son ultime fin ni son premier commencement, mais se réduit à un petit cône de poussière claire issu d'une fissure dans la boîte noire de l'espace. Midi ne produit qu'un éblouissement oblique. Nous ne quittons nos ignorances ni nos limitations. La lumière n'inonde plus le volume, n'occupe pas l'espace, ne tient pas toute la place, comme un dieu sous le règne de qui rien ne sera jamais nouveau, mais nous vient, comme un rai déployé parmi des myriades, en couleurs spectrales singulières. Issue d'un soleil, chaque bande interrogée, bariolée, tigrée, nuée, zébrée, fournit des informations différenciées. Le manteau d'Arlequin, Empereur de la Lune, figure aussi ce savoir de nuit.

Sous le soleil unique et total resplendissait l'unité de la connaissance. A l'aurore, sa lumière éteint la multiplicité innombrable des étoiles différentes. Depuis l'est, rien de nouveau. Rien de nouveau depuis que nous éclaire ce feu, depuis les âges de lumière : depuis le Soleil grec, le Dieu unique et la science classique, depuis Platon, la sagesse de Salomon, Louis le Grand et l'Aufklärung, ce savoir de jour avait perdu le temps. Aucun de ces noms, nulle de ces ères soi-disant nouvelles, n'a jamais changé le régime, toujours le même, de la lumière, unique et intemporel.

Voici du nouveau. Non plus naïvement opposée au jour, comme l'ignorance à la connaissance — quelle belle chance que le rythme nycthéméral pour ces simples et cruels partages d'erreur et de vérité, de science et de rêves, d'obscurantisme et de progrès ! —, mais ensemencée de couleurs et de noir, la nuit fait la somme des jours mêmes du connaître. Ainsi arlequine et chromatique, la tierce instruction, comme les précédentes, vient des noctambules des observatoires de l'espace qui mêlent au jour la nuit qui intègre, à son tour, les jours des galaxies aux nuits des trous noirs ; ce mélange engendre une troisième lumière.

Nous avons quitté le Bien platonicien, l'âge des lumières, la victoire exclusive de la science classique, l'histoire unitaire de nos pères. Jamais les religions triomphantes, les politiques en gloire, la science qui se croyait à son apogée alors qu'elle commençait à peine, l'histoire sans falsification ne tolérèrent des images d'une telle discrétion ou retenue, ni le mélange d'où naît le temps.

Voici venu l'âge des lueurs. La connaissance éclaire le lieu. Tremblant. Coloré. Fragile. Mêlé. Instable. Circonstanciel. Ombreux. Encombré. Dans le rai de clarté, bariolé, saturé de poudre, dansent les atomes. Le roi soleil voit ses lauriers en poudre. Loin d'illuminer l'universel, il clignote sous le nombre du poudroiement. Voici l'âge des éclats et des occultations locales, l'âge du scintillement. Peut-être, de la lumière, préférons-nous désormais le chromatisme à l'unité, la vitesse à la clarté ?

Mais, de nouveau, d'où vient donc cette ombre nécessaire si mêlée à la lumière, dans l'instruction tierce ?

De la douleur, comme celle que cachait le centre ?

La tierce place

Chaque ellipse montre un centre et deux foyers : voilà un tiercé, un ensemble de trois. Mais qu'appelle-t-on tiers, là ? Une troisième place, un troisième homme, la troisième personne ?

En tiers au milieu des autres, tel peut se trouver dans une position délicate et ambiguë, s'il n'est pas — ou est trop — concerné. Porteur, par exemple, de bonnes ou de mauvaises nouvelles, interprète, il profite, parfois immensément, d'une situation qui, aussi souvent, se retourne, et peut donc se trouver impitoyablement chassé, exclu comme parasite. Ecornifleur ou messager, trop bien ou très mal placé, le troisième, au centre, souffre ou abuse, entre les deux autres. Expulsé pour trop interférer, intercepter, s'intéresser.

Celui qui prenait trop de place la perd.

De deux personnes qui se contredisent, il faut bien que l'une dise faux et l'autre vrai : il n'y a pas de troisième possible ; on le dit, le Tiers est exclu ; ou mieux encore : il n'y a pas de milieu. Vraiment ? Remarquable sur ce mot, la langue française le définit comme un point ou un fil presque absent, comme un plan ou une variété sans épaisseur ni dimension aucune, et pourtant, tout à coup, comme la totalité du volume où nous vivons : notre environnement. Nouveau renversement : du mi-lieu, petite localité exclue,

non concernée, prête à s'évanouir, au milieu, comme
univers autour de nous.

Ce qui n'avait plus de place la prend toute.

Comme sonne une corde vibrante, le tiers ne cesse
d'osciller — de scintiller — entre les bonnes et mauvaises nouvelles, le profit et le mépris, l'indifférence
et l'intérêt, l'information et la douleur, la mort et la
vie, la naissance et l'expulsion, le tout et le rien, le
zéro et l'infini, le point dont on ne parle jamais, entre
les deux foyers, solaire et noir, et l'univers qu'il
ensemence.

Au Ve siècle avant Jésus-Christ, quelques sages
grecs anonymes découvrirent, en géométrie, la
démonstration apagogique, c'est-à-dire par l'absurde.
En mesurant la diagonale d'un carré de côté un, ils
s'avisèrent que sa longueur ne pouvait s'exprimer ni
par un nombre pair ni par un impair. De cette contradiction, le tiers devait s'exclure. Mais, dès lors, n'existerait pas ladite diagonale ; or, la voici, en sautoir,
décorant, tout justement, le mi-lieu du carré, qu'elle
sépare en deux sans milieu, s'imposant à l'intuition.
Elle existe donc, mais elle est ineffable. On la disait
indicible, irrationnelle, autre. Or une indénombrable
multiplicité de tels autres, soudain, apparut, dans les
nombres et les graphes : l'algèbre des réels, la vraie, la
grande mathématique venait de naître.

Elle advint du tiers exclu ; de cette impossible situation : ni ceci ni son contradictoire ; de cette source
indécidable, de l'absurde qui accule la diagonale du
carré, ni paire ni impaire, à l'absence de milieu entre
ces deux impossibilités de la dire. Dès lors, la découverte des réels, fusant comme un geyser de cette faille
absente, impose à tous les autres nombres connus, au
moins en ces jours-là, de se réduire à des cas limites de

cette nouvelle forme, mi-lieu absurde d'abord, donc nul, ensuite envahissant, milieu quasi total. On ne rencontrera bientôt partout que ce tiers, sitôt prononcée son exclusion. Il n'était rien, voici qu'il devient tout — ou presque. Absurde veut dire sourd : le tohu-bohu dont la Genèse écrit qu'il précéda la création s'ensuit-il d'un tel silence ?

Qui prenait trop de place la perd ; ce qui n'en tenait aucune la prend toute ; le rien peut devenir tout, qui peut s'effondrer dans le néant. Loi de transformation à bifurcations imprédictibles.

Le *parasite* la suit, bête petite qui, en se multipliant pour changer d'échelle, produit des épidémies mettant à mort des ensembles géants de gros animaux, mais qui, de ce coup, s'expose à disparaître ; la reproduit *Hermès* soi-même, dans sa conduite usuelle d'intermédiaire dont on attend qu'il transmette les messages comme une vitre transparente, donc nulle, mais qui transforme tout le paysage culturel à chaque information, mi-lieu se faisant milieu : bête et dieu odieux et indispensables, bons et mauvais anges ensemble, médiateurs, opérateurs du changement.

Ainsi exprimée, ladite loi, leçon d'anciens livres, gouverne les transformations réelles et les engendrements. Peut-elle produire le temps, non point celui des horloges, mais le nôtre, celui de nos âmes, de nos connaissances, celui des choses et de l'histoire ?

De l'histoire, par exemple ? Ceux qui n'appartenaient ni à la noblesse ni au clergé, l'Ancien Régime les groupait dans une troisième classe : le tiers état. Il n'était rien, non concerné, souvent exclu, et il a voulu devenir quelque chose, avec le succès que l'on sait.

Aujourd'hui, de même, emporté par sa croissance démographique géante et au risque économique de mourir, demande à se développer le Tiers-Monde. Qu'en adviendra-t-il ?

Or, dans le savoir et l'instruction, il existe aussi une troisième place, position aujourd'hui nulle entre deux autres, la science exacte, formelle, objective, puissante et d'autre part ce qu'on nomme la culture, mourante. D'où l'engendrement d'un troisième homme, le tiers-instruit, qui n'était rien, paraît aujourd'hui, devient quelque chose et croît. Il naît dans ce livre où je lui souhaite, comme père, longue vie.

Voici un apologue qui repère les deux places : rêvez-vous d'obtenir, quelque jour, le prix Nobel, en médecine, économie ou sciences physiques ? Travaillez donc dans une riche université de langue anglaise. Mais, pour la littérature, en vue de la même récompense, mieux vaut écrire et vivre dans le Tiers-Monde. Cette triple distance, géographique, de fortune et de spécialité, montre la mesure du mépris dans lequel tombe aujourd'hui l'estime portée jadis aux lettres : cultures de la misère, misère de la culture.

Peut-on retarder l'inévitable affrontement du Nord, heureux, savant, fortuné, et du Sud misérable par l'invention de cette culture tierce-instruite ? Il y va, en même temps, de la sagesse, dans la sphère intellectuelle, de la justice, en matière économique, de la Terre à protéger ainsi que de la paix, notre bien suprême.

L'épistémologie et la pédagogie rencontrent, comme tout à l'heure dans le centre, l'exclusion, la douleur, la violence et la pauvreté ; le problème du mal croise le savoir. Voilà l'ombre.

Comme Kepler nous l'enseigna, nous croyons qu'au centre commun du monde brille le soleil universel du savoir et de la raison, mais que l'ombre se disperse dans les seconds foyers des diverses planètes ; il m'arrive aujourd'hui de penser, à l'inverse, que le problème du mal s'involue au centre commun de toutes les cultures, et que mille soleils de savoirs divers scintillent parmi le milieu commun de cette ombre douloureuse universelle.

Je souffre : cela se dit partout depuis toujours ; nous pensons : ce cogito, spécialiste, ne concerne que des communautés rares.

Nous avons à nous instruire en tierce place entre ces deux foyers.

Le troisième homme

La troisième personne hante nos paroles et nos langues. Dialoguons, bavardons, que le dieu Hermès, à nouveau, circule entre nous, communiquons donc : *je* m'entretiens avec *toi, vous vous* adressez à *nous,* le toit langagier de notre appartenance abrite la première et la deuxième personnes, entendues au singulier ou au pluriel. Si bien définie et fermée que nous restons sourds à tout sauf à ce qui se passe en elle, cette sphère inclut le même et l'autre en excluant les tiers, absents, nuls ou ridicules.

Au cours du dialogue, *il* ou *elle, cela, elles* ou *ils* désignent, en tiers justement, l'exclusion ou l'extérieur de l'ensemble clos de notre entretien, la non-appartenance à notre communication, tierce place donc, plus, en précision, celui, celle, cela, celles ou ceux, sans qui, sans quoi ou de qui et de quoi nous parlons, tiers exclu et inclus.

Ces troisièmes personnes grammaticales, généralement issues des prénoms ou adjectifs *démonstratifs,*
sont donc exactement, *démonstrativement,* ces tiers
dont nous connaissons déjà les avatars logiques, géo-
métriques et sociaux qui précèdent. Nous passons les
bras par les fenêtres de l'appartenance, pour les montrer ou les désigner du doigt, à l'extérieur.

Or, pour ces troisièmes, de nouveau, la même loi
d'airain décrit une même transformation : le rien peut
devenir tout, qui peut s'effondrer dans le néant. La
troisième personne, exclue, mal placée sur le fil du
mi-lieu, porte rarement le nom d'une personne,
puisqu'elle emprunte le sien à un démonstratif, mais
peut devenir le milieu de tout et, en particulier, de
nous, qui nous adonnons au langage, milieu objectif et
intersubjectif dans lequel se plongent, depuis toujours, nos langues. En outre, et encore, ce rapport du
rien au tout livre le secret de l'engendrement, du
devenir et du temps.

Du tiers exclu ou de la troisième personne les
figures, désormais, ne parcourent plus l'espace
lacunaire des exemples précédents, dont on pouvait
juger qu'ils advenaient au hasard de rubriques
diverses, mais, tout au contraire, remplissent,
saturent l'univers ontologique. De même, en ce livre,
le portrait du tiers-instruit, moi en première personne,
toi, tout autre, en seconde, abonde soudain et
engendre un, deux, dix modèles, autant de tiers qu'on
voudra.

L'enseignement est cet ensemencement.

Voici donc la troisième personne devenue la totalité
du collectif social qui environne ceux qui en parlent ;
en ce cas, elle se nomme : *on* ou *chacun* ou *tous* ou *les
autres.* Ou prégnante ou expulsée. En second lieu, elle

devient l'ensemble des objets ou de l'objectivité en général : autour de nous, sans nous, le *ça, ceci ou cela* que nous démontrons du doigt. Troisièmement, le monde comme tel ou physique, l'impersonnel, exactement dénommé : *il* pleut, *il* tonne, *il* grêle, *il* neige ; les intempéries désignent, de nouveau et en profondeur, l'opérateur temporel. Quatrièmement, l'Etre même : l'expression française de l'être-là, *il y a,* traduit mot pour mot, en usant, justement, de la troisième personne et de son locatif, le *dasein* allemand. Enfin, la morale : *il* faut, tiers impératif aussi impersonnel que l'objectif *il* pleut.

La troisième personne indexe donc le tour ou la synthèse du savoir et de ses objets. Qui aurait ce jour seulement rêvé d'une telle somme ? Tenir d'une main les fils d'une telle totalité ?

Le Tiers et sa loi vibrante d'exclusion et d'inclusion fondent donc les sciences, exactes et humaines, les premières se réglant sur la seule démonstration rigoureuse, fondée sur le principe du tiers exclu (nous voyons, à l'évidence et, sans doute, pour la première fois, combien aisément l'on passe du démonstratif linguistique, pronom et adjectif, simple geste de l'index tendu qui montre l'extérieur, le menace ou l'admire — l'*iste* latin de mépris devient l'*ille* de gloire —, à la démonstration qui conclut en rigueur, par le fonctionnement bien réglé de l'exclusion), et les deuxièmes sur le devenir global de l'exclusion locale, qui définit ou désigne, d'abord, un individu donné, puis, soudain, la totalité de l'inclusion sociale ; il s'agit, dans les deux cas, du même fondement, et, de plus, ils se fondent l'un l'autre. De l'exclusion sociale et humaine, on passe au tiers exclu qui, à son tour, rend rigoureuse — beau double sens — la conduite collective et l'ensemble de ses conséquences. Voici enfin découvert un passage du Nord-Ouest où l'on naît dans les deux sens, où les commencements l'un à l'autre se substituent et s'engendrent donc l'un l'autre.

Ils fondent métaphysiquement, tout en la liant à la démonstration, la physique, en donnant à la nature son objectivité générale, comme en faisant fonctionner les phénomènes naturels hors de l'intention des personnes concernées par le discours et dans son appartenance. Ils fondent l'ontologie de l'être même, mais, de plus, le temps et l'histoire, en fournissant l'opérateur des transformations. Ils fondent enfin la morale, en découvrant une loi de conduite non référée à aucune volonté particulière, extérieure à la sphère de communication.

La troisième personne donne donc une fondation de tout le réel extérieur, de l'objectivité dans son ensemble, unique et universelle, en dehors de tout sujet en première ou deuxième personne. Voilà, hors de tout *logos*, la raison du réalisme, philosophie indémontrable sans cette troisième personne, et maintenant, grâce à elle, plus que démontrable, puisque présente à la racine de toute démonstration.

Voilà le but et la fin de la philosophie de la communication que porte le message d'Hermès, en tiers entre la première et la seconde personne, circulant parmi leurs relations : ni elle ni son dieu ne peuvent se passer de ce qui n'est ni elle ni lui.

Instruire ou engendrer

D'où la connaissance, l'expérience et l'instruction. Jadis, on appelait pédagogue l'esclave qui conduisait à l'école l'enfant noble. Hermès accompagnait aussi parfois, comme guide. Le petit quitte la maison de famille ; sortie : deuxième naissance. Tout apprentissage exige ce voyage avec l'autre et vers l'altérité. Pendant ce passage, bien des choses changent.

Aimez la langue qui fait de l'esclave le maître lui-même ; et donc du voyage l'école elle-même ; et une instruction de cette émigration. L'esclave sait le dehors, l'extérieur, l'exclusion, ce qu'il en est d'émigrer ; plus fort et adulte, il rattrape un peu l'enfançon plus chanceux, pour une égalité temporaire qui rend une communication possible. Errante dans la forêt, Blanche-Neige, de même, rencontra des vieillards nains : ancêtres puisque vieux, mais enfants par la taille, quasi-égalité qui lui permit de rester protégée en devenant protectrice ; toujours enfant, mûre déjà ; mère, vite, et fille, encore ; elle va donc renaître, d'elle, d'eux, de la forêt, en soi-même et autrement, fille mère d'elle-même. Pas d'enseignement sans cet auto-engendrement. Ainsi, de haut, l'enfant riche parle au pauvre esclave adulte qui lui répond, de sa plus haute stature ; peut-être, du coup, vont-ils se prendre par la main, dans le vent et sous la pluie, forcés de s'abriter un moment sous la frondaison du hêtre sur lequel tonne la troisième personne : il neige, il fait froid. Autre et vivant douloureusement l'altérité, l'esclave connaît l'extérieur, a vécu dehors.

Alors, le monde entre dans le corps et l'âme du blanc-bec : le temps impersonnel et aussi l'étrangeté de l'exclu, *iste*, l'esclave méprisé, et bientôt du maître, *ille*, encore lointain, au bout du voyage. Avant d'arriver, il n'est plus le même, re-né. La première personne devient troisième avant de franchir la porte de l'école.

L'apprentissage consiste en un tel métissage. Etrange et original, déjà mélangé des gènes de son

père et de sa mère, l'enfant n'évolue que par ces
nouveaux croisements ; toute pédagogie reprend
l'engendrement et la naissance d'un enfant : né gaucher, il apprend à se servir de la main droite, demeure
gaucher, renaît droitier, au confluent des deux sens ;
né Gascon, il le reste et devient Français, en fait
métissé ; Français, il voyage et se fait Espagnol, Italien, Anglais ou Allemand ; s'il épouse et apprend
leur culture et leur langue, le voici quarteron, octavon, âme et corps mêlés. Son esprit ressemble au
manteau nué d'Arlequin.

Cela vaut pour élever les corps autant que pour
instruire. Le métis, ici, s'appelle tiers-instruit. Scientifique par nature, attiré par le foyer solaire, il entre
dans la culture. La raison commune renvoie les foyers
noirs, différents, à leurs particularismes culturels. Or,
par une étrange symétrie, le problème du mal —
injustices, souffrances, violence et mort —, culturelle-
ment universel, occupe toute la zone du foyer
d'ombre, d'où l'on apprend à voir les raisons claires
comme autant de solutions rationnelles variables et
séparées. Donc l'esprit change son bariolage.

Cela vaut enfin pour la conduite et la sagesse, pour
l'éducation. Déjà autre, l'accompagnateur conduit à
la rencontre d'une seconde personne — expérience
dure et exigeante, sous le vent et les éclairs — d'où le
même engendre en soi, sans abandonner sa personne
propre ni son unité, une troisième personne.

Aime l'autre qui engendre en toi l'esprit.

La troisième personne

Présent partout dans l'univers, mais absent au point
que nul ne peut l'y trouver, tant il se cache, tout donc
et rien, rien mais tout, Dieu comprend, de plus, la loi

d'incarnation qui veut que le tout, dans le monde et le temps de l'histoire, devienne rien, humble fils de charpentier né dans une étable misérable, condamné à mort et crucifié comme un esclave, rencontrant, épousant, assumant le problème du mal, enfin redevenu tout, assis, ressuscité, à la droite de son Père, savoir la deuxième personne ; la troisième personne, l'Esprit, procède des deux premières.

On figure le Père, omniscient, assis sur le trône de puissance et de gloire, stable. Au bilan, il aura travaillé huit jours. Depuis lors, il jouit du repos. Le Fils descend sur la terre, et, plus bas encore, vers les Enfers, pour enfin ressusciter, puis, à l'Ascension, remonter aux cieux d'où il viendra juger, au dernier jour, les vivants et les morts. Du Dieu qui s'incarne, les deux mouvements donnent, au bilan, un équilibre : non uniquement statique, mais compensé par la rédemption ou le rachat. Deuxième stabilité : invariance par variations, comprenant au passage une solution tragique au problème du mal. Voilà l'ombre et la lumière, la souffrance et l'omniscience.

Troisième personne de la Trinité, le Saint-Esprit prend la forme d'un oiseau, d'une colombe, parfois l'apparence d'une langue de feu ou d'un souffle impétueux : *il* vente, *il* tonne, *il* fait des éclairs. Brise, bruit ou flamme, l'Esprit se propage où et quand et s'il veut, tombe sur nous, ici, là, naguère ou demain, tout à coup, comme les intempéries, la foudre qui bifurque dans le ciel ou la pluie... et les volatiles ne se soutiennent que par les turbulences qui se forment sous leurs ailes. Ni dans le vol ni par les vents tourbillonnants ne se trouvent traces d'équilibre, de stabilité ni de compensation. L'ensemencement de l'esprit dépend de la chaleur et de l'air, donc du temps qu'il fait, assez aléatoire, et non du temps compté, régulier ; il pénètre dans le monde en tourbillons. Rien, tout ; tout, rien. Un minuscule morceau de langue à l'intérieur d'une salle fermée, tous les langages du monde connu sur la place publique, voilà, de nouveau, la loi vibrante, ici celle de la Pentecôte.

Le vent ni le feu ni les oiseaux en vol ne connaissent de repos. La troisième personne procède des deux autres, elle en advient par procession. Ce dernier mot décrit un pas en avant, comme un pied levé, qui s'expose. L'Esprit s'expose hors du Père et du Fils, sans quitter leur unité. Nul texte ne dit que cette procession s'arrête, que ce pas lancé se pose : d'où les figures de l'aile et du vol, qui, jamais, dans les fluides volatils, ne trouvent d'appuis définitifs. Comme, en définitive, l'étai cède toujours, il faut toujours recommencer de s'appuyer sur ce qui cédera toujours. L'Esprit donc procède, absolument parlant : il quitte les stabilités à jamais, y compris celles du mouvement équilibré de l'histoire circulaire, pour se hasarder dans les mouvances instables des écarts à l'équilibre. Cela veut dire qu'il ne cesse de s'exposer. Il évolue et voyage. D'où son excentration, hors des stabilités des deux premières personnes ; d'où le savoir, d'où le temps. D'où l'apprentissage.

Ce temps réel du vent et du feu, des éléments et du climat, celui de l'esprit, équivaut à celui de l'élevage, de l'instruction, de l'intelligence inattendue et du conseil constant, des transformations sans retour, des langues et des sciences, des voyages, des inventions et des trouvailles, de la paix improbable outre les vengeances, de la prescription, des mélanges inattendus, des alliages... D'entre les deux personnes stables dans leur entretien infini, d'entre l'omniscience et l'exposition au mal — un foyer brillant, l'autre brûlant —, jaillit le temps chaotique de l'esprit, tierce personne.

Inversement, le troisième homme qui naît en moi, au cours de l'apprentissage, est esprit.

Le temps de l'histoire mélange un temps circulaire, physique et légal, celui de l'emploi des jours du calendrier par les travaux incarnés, avec le temps erratique et imprédictible de l'esprit, en proportion ou raison irrégulière dans sa solution. L'histoire procède, elle aussi, de l'esprit.

Le monde procède bien des deux personnes, voici la création objective et la rédemption ou recréation par le rachat, mais comme l'esprit en procède aussi bien, il vient que le monde réel est la troisième personne, comme on a vu, ou l'esprit lui-même ou que l'esprit est le monde même ou le tout de l'objectif, ce pour quoi ce dernier peut être connu, enfin qu'ensemble ils sont le temps, choses belles que non seulement je voulais démontrer, mais qui naissent en même temps que la démonstration.

Tierce personne, le connu se construit comme s'instruit le connaissant.

La troisième femme

Les savants usèrent du mot « phénoménologie » en mécanique céleste, d'abord, pour décrire les mouvements des planètes, leurs apparences et leur raison, puis en physique générale, avant que la philosophie ne s'en serve pour les avatars de l'esprit ou la reconnaissance de stabilités plongées parmi de volubiles profils. En traduisant vernaculairement ce vocable grec et savant, il vient que l'on puisse dire : « l'apparition parle », phrase parfois balbutiée, sans savoir, par les excentrés de la connaissance. Solaire, la première expression, aveugle, la seconde, pour un même sens. Voilà un second foyer.

Dans une grotte sombre de Lourdes, à une bergère illettrée, apparut la Sainte Vierge pour dire sa conception immaculée, comme s'il s'agissait de sa propre procession. Toute la scène pieuse et naïve : Anne la mère, absente, évoquée ; Marie, fille et mère, advenue, à demi présente, parlante, et Bernadette fille, silencieuse, visible, charnelle, présente là, paysanne ignorante, constitua ainsi une trinité féminine nouvelle, au moins inattendue dans une culture où les dieux ou Dieu, brillants comme des soleils, s'engendraient ou procédaient encore au masculin ; les femmes, enfin, procèdent elles-mêmes.

Trous sombres de la terre et simples d'esprit qui marquent une distance au savoir, dans la matière du monde et dans l'âme des hommes. Oui, le mythe — comment dire ? — vit toujours et en écart constant par rapport à la science et même aux institutions de la théologie majeure ; et rient les rationalistes. Les sophistes grecs méprisèrent-ils autant le texte de *la République* pour la page où il évoque le mythe de Gygès, autre berger en extase dans une caverne semblable ? Platon se donnait le droit de parler du Soleil, au-delà de la géométrie et de la dialectique, mais son texte dit aussi bien le paysan lydien dans sa grotte sombre. Sa pédagogie produit à deux foyers ou consent à une excentration que nous refusons, alors qu'il pense avant et que nous écrivons après la révolution keplérienne.

Nous tolérons l'anthropologie, mais à la condition qu'on la laisse aux autres, aux pauvres du Tiers et du

Quart-Monde, à ceux qui demeurent les objets de nos savoirs.

Oui, à Lourdes et en Yougoslavie aujourd'hui, à des bergers ou à des enfants ignorants, dans des cavernes, parlent les apparitions : phénoménologie dont nous-mêmes n'osons pas parler. Or le mot savant et la phrase populaire disent une seule et même chose, l'une venue du foyer solaire aveuglant et l'autre du trou noir : que, recueillies, les apparences paraissent dire.

Des deux locutions, dites vite la plus attirante et la plus claire.

La procession masculine de l'Esprit mime l'engendrement, de même que la conception féminine, virginale ou immaculée ; voici de bons modèles anthropologiques de l'instruction, de la production par l'autre en moi d'un tiers, verbe ou esprit.

En moi l'esprit se conçoit virginalement ou procède.

Le tiers-instruit : ancêtres

Tiers dans l'esprit ou la langue, l'ensemencement du savoir scientifique dans le récit ou la méditation vient de haute tradition. De Rabelais à Valéry, en passant par Molière, Voltaire ou Balzac, dix écrivains ont à peu près dominé la science de leur temps. Elle éclaire, elle fortifie leur ouvrage qui, en retour, l'illumine et la renforce. Les ombres et les forces viennent ensemble des deux sources qui engendrent l'œuvre. Le partage qui distingue les cultivés ignorants des instruits incultes, chez qui la nuit succède ou se juxtapose au jour, apparaît à une date assez récente.

Le cas le plus facile d'une distribution si comparable au ciel concerne un corps identique ; même auteur, même invention dans des domaines que notre étroitesse seule sépara. Pascal n'a laissé qu'une œuvre et, comme ambidextre ou plutôt corps complet, l'a écrite des deux mains : *Triangle arithmétique* et *Mémorial, Coniques* et *Provinciales, Roulette* et *Pensées* poursuivent ensemble leur quête commune, justement celle du centre, inaccessible dans ce monde infini, mais que l'espace surnaturel fait apparaître. Ainsi Leibniz, Diderot, Goethe ou Robert Musil, que seules nos bornes présentent comme de monstrueuses exceptions, ont laissé derrière eux mille textes tiers-instruits : mécanisme métaphysique, écrit le premier, alors que le second raconte le déterminisme à cheval, le suivant l'amour et ses affinités, mot tout autant usité dans la mécanique ou la géométrie des ellipses qu'en la naissante chimie, et que le dernier prévoit les probabilités d'une météorologie de l'histoire. Œuvres corps complets.

Comment s'étonner de ce que la passion de la pédagogie ait saisi les corps doués de cette complétude ? Aiment engendrer ceux qui ont aimé leur propre engendrement. Modèles de modèles, Platon, Aristote, Montaigne ou Rabelais ensemencent leur culture de tout le savoir du temps, pour modeler, au moyen d'un tel mélange, l'homme à venir. Sans doute le couple éducatif Ménon-Socrate, jeune Télémaque, Nestor vieux, ignorant et savant, forme-t-il le double corps de l'instruction ; sait-on toujours ce que le second doit au premier ?

Expert dans les savoirs traditionnels blanchis par le temps, le vieux prêtre égyptien du *Timée* traite les Grecs d'enfants, où je lis la perpétuelle jeunesse des

sciences, leur manière méthodique de couper leur blé
en herbe. La pédagogie connaît le nœud serré de ces
deux temps. Dans le sens usuel de son écoulement,
des vieillards vers les jeunes gens, se transmettent les
humanités, archaïques ; il faut avancer en âge pour
comprendre leur sagesse. Dans le sens contraire exactement, des enfants vers les gens mûrs, font la passe
les sciences exactes. Homère jouait l'aïeul dès l'aurore
aux doigts de rose du troisième millénaire, alors que
Théétète, Pascal, Abel ou Evariste Gallois, enfants
inventeurs de théorèmes, meurent toujours vers la
fleur de l'âge. Les aïeux aux yeux noyés passent
aveuglément des contenus de culture, presque toujours obscurs, alors que leur revient de l'aval des
messages clairs issus des jeunes gens au regard brillant. J'apprends interrogativement à mes petites-filles
une bonhomie dont la hauteur encore me domine,
mais, en retour, elles m'enseignent les récents déve-
loppements et les performances des sciences et des
techniques. Un savoir, mûrissant, se comporte comme
le bon vin pendant que, printanier, le second sans
cesse reverdit. Prix Nobel de sciences juvéniles à côté
de patriarches décorés pour la littérature.

D'où il faut apprendre, en même temps, ce que l'on
comprend et ce que l'on ne comprend pas : dans le
premier cas, la durée disparaît, alors que le dernier la
produit. L'obscur projette un temps que le clair
abrège, le clair-obscur fait le temps lui-même.
Enfants, apprenez donc Homère et La Fontaine, inabordables à votre âge, par cœur, ils mûriront lentement au centre de vos corps, et les mathématiques
distinctement.

Ces deux vecteurs inverses du temps et de l'intelligence éloigneraient à jamais de tout enseignement

les deux corps du couple, ignorants l'un de l'autre, sauf à penser ou dessiner le tourbillon réel du temps ou les turbulences de l'esprit. Celui de la vie monte, celui de l'entropie descend. Au sein de cette turbulence, enfin d'âge adulte, où le temps se noue, monte, tombe et paraît s'arrêter — on dirait une galaxie —, le Tiers-Instruit projette le temps naïf de la science, devant, et, derrière, les expériences de la culture, mais annule sans cesse, derrière, le temps par les courts-circuits de la distinction scientifique et constitue, devant, le temps long de l'humanité par la digestion lente des contenus traditionnels. Adulte : jeune-vieux au bénéfice compensé des deux âges.

Engendrons-nous enfin l'âge de raison ?

Dans un autre cas médian, sans doute le plus fréquent, l'auteur produit d'une main alors que, de l'autre, il s'informe seulement : Zola raconte la famille des Rougon-Macquart et, ce faisant, apprend la génétique de son temps ; mais, contrairement à l'attente, il invente authentiquement les conditions physiques dans lesquelles se posent les problèmes de la reproduction. La flamme portée par le trouveur enjambe les fossés coupe-feu. Romancier, il chante la geste d'une tribu et les tribulations de ses membres, mais, en suivant à la trace les éléments du génome, prend le geste précis des savants qui les décriront.

Si les spécialités se partagent, l'inventif reste indivis. Dans la fournaise de la Souléiade, le docteur Pascal, généticien, glisse à la thermodynamique, sans que Zola quitte le récit un seul moment. La littérature dit la science qui retrouve le récit qui, tout à coup, anticipe sur la science. Voici, saisi sur le vif, le processus d'engendrement.

Ce cas moyen revient alors au premier de manière fulgurante, de sorte que les savoirs ne se découpent point comme des continents cristallins, solides fortement définis, mais comme des océans, visqueux et toujours barattés : dix courants chauds ou froids les traversent et y produisent de gigantesques maelströms. Pas d'histoire des sciences ni d'histoire en général, pas d'instruction possible, aucune transformation sans ces tourbillons fluides.

La plume, au début, à sa meilleure main, Zola, peu à peu, apprend à écrire de l'autre. Il a traversé le fleuve ; sans le savoir, il engendre en soi un savant inconnu.

Le cas le plus difficile, au bout de ce chemin, mais le plus intéressant, difficilement repérable, rare, foudroyant, amène l'écrivain à l'anticipation. Je ne parle pas des récits récents catalogués sous cette appellation et souvent médiocres, mais de soudaines intuitions présentes et cachées, perdues même, dans des pages dont le message semble parler d'un autre ton, des lacs de prémonition, des poches de science infuse dans des moments exquis de littérature.

Parfois tel récit, un conte ou un poème somment, sans le savoir, plusieurs savoirs. J'aimerais donner à chacun de ces textes le titre authentique de chef-d'œuvre inconnu : insu, plutôt, puisque des sciences ensemble y convergent dans une transparence à travers laquelle l'œil court sans rien voir ; de même que les couleurs de l'arc-en-ciel se fondent dans la limpidité blanche de la lumière journalière, de même les connaissances fusionnent dans une parole qui se donne pour banale. Diderot semble avoir compris qu'il fallait nommer rêves de telles entreprises, lorsqu'elles se construisent intentionnellement et qu'il fait s'assoupir un savant philosophe, adulte, sous les yeux et l'attention d'un médecin philosophe et savant, également homme fait.

Mais le poète ne nourrit nul projet de ce genre, lorsque à son tour il s'endort, irrité ou bercé par le bourdonnement d'une guêpe autour de sa tête. Autant *le Rêve de d'Alembert,* faux songe sans doute, apprêté, dessiné à dessein, projette l'extrapolation à partir des courbes exactes et reconnues de la science vraie du temps, et fait briller les couleurs diverses que le prisme du texte déploie, autant Verlaine, dans le sonnet de *Sagesse,* « L'espoir luit comme un brin de paille dans l'étable », ignore tout d'un savoir à venir, quasi endormi, le coude sur la table, dans la chaleur écrasante de l'heure, pendant la sieste méridienne, les pieds dans les flaques fraîches de l'eau dont on inonde le carreau, mais voit tout de même un rai de lumière issu d'un trou et qui poudroie. Alors que midi sonne et que la lumière du soleil platonicien ne pénètre que parcimonieusement dans la chambre, il décrit, comme de nuit, le bruit de fond de la cœnesthésie, envahissant l'ouïe pendant l'endormissement, et le bruit de fond du monde parallèle à celui du corps, vols de guêpes, poussières qui dansent, brins de paille dans l'étable. Ce qui n'est pas encore le rêve et s'apprête à le devenir permet d'observer, en clair-obscur, un chaos indéterminé dont la présence constante nous accompagne, organisme chaud et univers bruissant, des multiplicités bourdonnantes où la science comme la vie, la langue comme la poésie, puisent leurs commencements. Intuition vague, mais rigoureuse d'un savoir et d'une épistémologie futurs.

Voilà les ancêtres ou les pédagogues, depuis déjà longtemps repérés, du tiers-instruit.

Voici décrit un deuxième engendrement, partant d'une seconde excentricité, d'autres contenus de savoir, non plus issu des sciences exactes, mais d'histoires et de langues.

Le tiers-instruit, à nouveau : l'origine

« Si tu ne m'aimes pas, je t'aime... » Qui ne sait chanter le refrain de Georges Bizet ? Tout le monde a vu *Carmen,* l'opéra le plus souvent représenté dans l'histoire. En revanche, qui a lu la nouvelle de Prosper Mérimée ? De plus, sait-on, vraiment, comment elle commence ?

Par un monument d'érudition. La linguistique s'y croise avec la géographie, l'histoire et l'archéologie... et y pose des questions précises et subtiles : qui a écrit, parallèle à la *Guerre des Gaules,* la *Guerre d'Espagne ?* S'il en fut l'acteur majeur, Jules César n'en est, dit-on, pas l'auteur. Alors ? Quelque Romain, un Espagnol ? Et où se passa, par exemple, la bataille décisive de Monda, où la fin des guerres civiles se décida contre les deux fils du grand Pompée ? A Munda ou Montilla ? Cuistre même, la philologie lutte avec la toponymie de l'Andalousie montagnarde, entre Cordoue et Grenade. Il faut, pour les comprendre, avoir fait ses études, savoir lire les cartes anciennes et les *Commentaires* latins.

Mérimée y annonce même un article savant sur « les Inscriptions romaines de Baena » qui paraîtra, en effet, dans la livraison de juin 1844 de *la Revue archéologique.* Rien de plus éloigné des amours gitanes et des jupons qui volent. Oui, *Carmen* commence dans la science. Les notes en bas de page qui tant défigurent les volumes et les chiffres ou astérisques dont les critiques caviardent les lignes remontent avec arrogance des pages finales, où, parfois, ils les relèguent, jusqu'à l'*incipit* de la nouvelle. Sot remue-ménage qui ne capte que très mal la bienveillance.

Voilà donc le bon Mérimée au travail parmi les livres, comparant les textes et les cartes, dans la bibliothèque du duc d'Osuna ou dans celle des dominicains de Cordoue. Y reste-t-il, va-t-il en sortir? Rencontre-t-on des femmes fatales qui dansent par les rayonnages ou parmi les incunables?

Une morale de l'histoire, déjà? Il faut fréquenter les bibliothèques, certes; il convient, assurément, de se faire savant. Etudiez, travaillez, il en restera toujours quelque chose. Et après? Pour qu'il existe un après, je veux dire quelque avenir qui dépasse la copie, sortez de la bibliothèque pour courir au grand air; si vous demeurez dedans, vous n'écrirez jamais que des livres faits de livres. Ce savoir, excellent, concourt à l'instruction, mais celle-ci a pour but autre chose qu'elle-même. Dehors, vous courrez une autre chance. Laquelle? Revenez au commencement de *Carmen*.

Voilà Mérimée dedans: archéologue, cartographe, il lit, copie, prend des notes, publiera donc l'article savant. Deux foyers: dedans, dehors. Le voici maintenant dehors: je partis, dit-il, en excursion pour éclaircir mes doutes sur l'emplacement du combat livré par Jules César, avec, pour tout bagage, quelques chemises et les *Commentaires;* suivent quand même des restes de bibliothèque.

Il semble parcourir le pays andalou autour des rives du Guadajoz. Mais, à mon tour, je doute fort que cette excursion ne se réduise qu'à un *excursus,* plus érudit encore que les notes, tant les descriptions du plateau de Carchera et des marécages proches recopient, avec leurs fautes et leurs coquilles, dictionnaires, catalogues, elzévirs. Je le prends la main dans le sac ; menteur ! Moi aussi, je sais de la géographie d'où je vois que tu ramènes le dehors au dedans du dedans, à un repli de cuistrerie : tu prétends raconter une promenade alors que je peux montrer que tu transcris un manuscrit ! Quand arriverons-nous aux gitanes et aux danses ? Quand donc passerons-nous de l'article à la nouvelle, qui empêche de dormir les jeunes filles et les beaux officiers ?

Jour. Cependant, tout commence vraiment. On dirait bien que l'érudit marche et souffre. Non, il ne recopie plus. Brûlé par le soleil, harassé de fatigue, il meurt de soif — cela n'arrive pas au milieu des pages — et va, bientôt, boire, couché à plat ventre, comme les mauvais soldats de Gédéon. Pour mériter d'écrire un vrai livre — ici, la Bible —, il faut quitter l'Egypte et affronter la dureté du désert, sans autre protection que le ciel et d'autre mur que l'horizon.

Mais avant de pouvoir se désaltérer, Mérimée cherche... et trouve une petite mouillère, pleine de sangsues et de grenouilles. Cette notation ne peut tromper. Oui, tout se joue là. Devant un marécage, où les sangsues-vampires se nourrissent des livres d'autrui, on peut induire qu'en se dirigeant vers l'amont, quelque ruisseau, qui alimente le marais en aval, conduira sans doute à la source, plus pure et sans parasites.

Autrement dit, l'archéologue, l'historien, le latiniste érudit, le cartographe, le philologue... très usuellement, recherchent les sources. L'horrible masse des livres révèle et cache la rivière et ses origines : j'aime à dire que les sources attirent les savants parce qu'elles sont libres de savants! Si je voulais passer pour docte, j'appellerais tout cela *Quellenforschung.*

Voilà donc le voyageur en route vers l'amont. Stupeur émerveillée de la découverte : au pied d'un escarpement, dans un cirque tranquille, ombragé, d'une beauté souveraine, voici la fontaine, qui jaillit en bouillonnant dans un bassin de sable blanc. Auprès d'elle, sur l'herbe fine et lustrée, un homme dort.

Mérimée nous joue-t-il le même tour que Tite-Live qui, remontant vers les fondations de Rome, découvre soudain, sur une même douce pelouse, Hercule soi-même endormi, pendant que paît le troupeau qu'il a volé à Géryon après avoir tué son propriétaire? Voleur, meurtrier, comme lui, comme lui assoupi, auprès de la source que découvre Mérimée, historien ou assoiffé, en ce lieu paradisiaque dans lequel s'évase l'étroit défilé où coule ce cours d'eau, don José garde une espingole non loin de la main, comme auprès de l'autre gisait la massue, pendant que les chevaux, le long de la gorge aval, se répondent par hennissements, appels insensés qui reprennent en écho les mugissements sourds des bœufs de Tite-Live. Etrangement, un semblable tableau se déploie en amont, au commencement de deux histoires, semblablement romaines.

S'agit-il d'une scène originaire au plus près voisinage des origines?

Mérimée, ici, s'expose-t-il vraiment, désormais, au soleil, à la soif, au désert, à la violence, au dénuement, aux punaises des auberges coupe-gorge, aux trahisons et à la mort, en somme au mal et à la réalité ou bien, menteur encore, copie-t-il, mais alors sans nous le dire, le père même de l'histoire romaine ? Doit-on hésiter encore ? Pourquoi dessiner un paysage analogue, ruisseau et source, au début, traversé par d'analogues acteurs, dieu ou bandit, meurtre et vol, sommeil noir et bêtes brutes, voix animales privées de sens ? S'agit-il d'histoire, d'un mythe, d'un récit ?

Où trouver les sources de cette scène auprès des sources ? Aux limites de la *Quellenforschung*, il semble qu'il faille penser quelque chose comme une autoréférence : la fontaine première devrait sortir de soi ; on dit bien qu'elle coule de source. Pourtant, de nombreuses visites à celles de la Garonne, de la Vienne et d'autres fleuves ou rivières persuadent vite que le point d'origine se réduit à un recueil, dont le bassin réunit ou collecte mille petites arrivées d'eau détaillées venant de l'amont, glaciers ou prairies humides, issus du gel ou des pluies. Toujours et partout, l'origine se ramène donc à un point courant d'un flux quelconque, comme sur la droite orientée, en géométrie ; parmi ces lieux ordinaires, certains, simplement, forment barrage.

Comparons les deux histoires. Voleur et meurtrier, poursuivi par la justice, le bandit basque a pris la place d'un meurtrier voleur, substitution sans beaucoup de différence. Hercule s'éveille et tue Cacus ; don José ne tue personne à son réveil.

Quoiqu'il le prenne ou presque en flagrant délit d'assassinat, quelqu'un pourtant disculpe Hercule : un certain Evandre, qui jouait, en ces temps, le rôle de gouverneur ; chargé de la poursuite judiciaire, il paraît juger le héros, mais aussitôt l'épargne en le reconnaissant pour divin ; Hercule a tué sous nos yeux, et, sous nos yeux, bénéficie du non-lieu. L'assassiné, Cacus, portait un nom mauvais... Du coup, Evandre fait bifurquer l'histoire vers le mythe, le judiciaire vers le religieux. Au lieu de pendre le meurtrier, on l'honorera sur les autels. Dieu pour condamné, autre substitution presque sans différence. Mérimée traite ainsi le banni, avec humanité, alors que son guide courra le livrer à la justice ; ils reconstituent, à eux deux, le personnage d'Evandre de sorte que les deux scènes traitent les hommes de manière équivalente.

Le narrateur, ici, fait donc bifurquer l'histoire, lui aussi, en la dégageant du judiciaire : don José va continuer à vivre libre un moment, car les carabiniers, avertis par le guide, arriveront trop tard pour se saisir de lui. Tout le récit va se dire pendant qu'il reste libre : entre son évasion, non loin des sources, et sa captivité, puis son exécution, à Cordoue.

Voici Hercule et don José libérés — enfants de bohème, n'ont-ils jamais connu de loi ? — : mais libres de qui ou de quoi ? Dans les deux cas, des juges, de la justice, de la décision. Quittons le latin et la langue espagnole, et parlons grec un instant : les deux hommes se libèrent du jugement, c'est-à-dire de la critique. Vers les sources, la critique rend les armes.

Chez Tite-Live, le religieux et le mythique bifurquent du judiciaire ; de la science critique le récit littéraire bifurque, chez Mérimée : dans les deux occasions, au même instant, dans les mêmes circonstances et au même voisinage de l'origine. Autrement dit, le mythe est au judiciaire ce que le récit est à la critique ; et la critique est au judiciaire ce que le mythe est au récit.

Don José parle avant que le bourreau ne le pende,

Mérimée prend pour commencer l'habit et le geste du critique, le conduit, puis le perd, sur le chemin de l'érudition ; on pourrait presque dire qu'il le sème. Il le laisse vers les sources et bifurque brusquement.

Les deux histoires — mythique, littéraire — ont en commun de se libérer du judiciaire. Comment ?

A l'accusé, à l'assassin, Evandre substitue un dieu ; au bandit, Mérimée substitue un héros. A l'endroit précis de la bifurcation, au moment du jugement, sur le plateau en équilibre, à l'instant où se doit couper le nœud décisif, a lieu la substitution. Hercule et don José quittent les assises pour monter sur les autels ou les planches du théâtre. Au commencement est la substitution.

Un dieu et un héros se montrent ainsi à la place de deux bandits de sac et de corde, en haut des gradins ou des marches, entre les voiles du tabernacle ou les rideaux de la scène. Au commencement est la représentation. Dans toute représentation, quelqu'un se substitue à quelque autre : un bélier à Isaac, un acteur au rôle-titre, un texte à une action. Nous y voilà.

Qui opère la substitution ? Evandre dans le premier cas, Mérimée dans le second : l'écrivain ou le savant.

Au fait, nous ne connaissons pas encore la victime de don José : Carmencita, qu'il aimait, qui l'aimait... si tu ne m'aimes pas, je t'aime et si je t'aime, prends garde à toi... Carmencita, voilà celle que don José a tuée. Or, dans le mythe sans amour, Evandre, au nom de bonhomme, qui divinise le plus fort et préjuge mauvais le plus faible, a pour mère — ou femme — Carmenta.

Carmen : Carmencita, Carmenta... les deux histoires, en amont de leur origine, en excédent à la source même — mère ou maîtresse du juge, cause d'exil —, se nouent ensemble au même nom, au même corps, à la même personne. Sommes-nous parvenus à une source commune ? Oui, cherchez la femme.

Evandre, fils d'Hermès, avait, dit-on, inventé l'écriture ou, du moins, l'avait importée d'Arcadie au bord du Tibre. Quant à Carmenta, sa femme ou sa mère, ancêtre des Sibylles, elle chante magiquement.

Ecrire, parler, chanter, représenter, toutes opérations d'invocations ou d'enchantements qui substituent du logiciel, doux, à du matériel, dur. Ou au désert aride une bibliothèque climatisée... à la garde montante la garde descendante.

Mérimée, savant, remonte vers la source ; charmé, il en descend, récitant. Il a dû passer par un tiers-point.

Nuit. De la source sort le Guadaloz, sans doute, ou un petit tributaire de cet affluent du Guadalquivir. Descendons maintenant le fleuve majeur, en nous laissant aller d'amont en aval, en avalant, comme disent les mariniers, des origines au fil du temps et de l'histoire, intervalle qui mesure la durée de la liberté de don José... alors, sur le quai rive droite, à Cordoue, au coucher du soleil, après qu'a sonné l'angélus, des femmes se baignent, nues, et, du haut de la rive, entre chien et loup, nul ne peut distinguer entre une vieille marchande d'oranges et une jeune et jolie grisette. Vous les prendriez l'une pour l'autre. Issue de cette scène obscure et du bord de la rivière — vient-elle de la traverser à la nage ? —, par l'escalier qui dessert le quai, auprès de l'auteur, soudain, arrive la jeune gitane à la jupe noire. Comme Aphrodite, elle naît des ondes. A qui se substituait cette Vénus anadyomène ?

Carmen, morte et invisible sous l'ardent soleil des sources, Carmen, au beau milieu du cours, tout à coup engendrée, assise là, visible, en pleine nuit, tout à côté de l'auteur, présente, vivante, fatale, belle, puissante, enivrante, attirante, mauvaise, sorcière, terrible Carmen. Source de vie et cause de mort.

Nous voici à l'origine ensorcelée de l'histoire, romaine, espagnole, qu'importe... de toute histoire — apprécions que ce mot évoque d'un coup une science humaine et un racontar sans importance —, de la parole, du chant, de l'opéra, de l'écriture, de la science et du récit en général. *Carmen* dit tout à la fois, comme un joker de substitution.

Hennissements, mugissements privés de sens, chevaux et bœufs... chants magiques, sorcelleries, bon et mauvais œil, voix à deux sens qui s'opposent... jugements iniques ou justes, amours délicieuses et fatales, double sens succédant au bruit insensé des bêtes... un seul sens enfin pour le récit qui commence et pour la rivière qui s'écoule... Voici que naît un corps, nu, nageant, inaccessible et cependant là, des sources à Cordoue, dans les eaux du Guadalquivir. Avant et hors toute loi, magicienne, chimère, tirant les cartes rouges et noires, lisant les lignes bifurquées dans l'écriture naturelle de la main, et, avant la langue, chanteuse et danseuse, *Carmen* tient à elle seule cette généalogie.

Tout chef-d'œuvre raconte l'engendrement de son art propre. Ce pour quoi il jouit de ce titre : chef.

L'érudition et l'archéologie, l'histoire et la philologie amènent, auprès d'une source, à une substitution dont la cause, en amont encore, se nomme Carmen ; à se laisser descendre maintenant vers l'aval, la voici nue, se baignant dans des eaux issues de cette source, comme si le fleuve l'avait engendrée. Des livres vers leur origine, un cours d'eau sert de fil inducteur, dont le flot, suivi dans l'autre sens, ne ramène point à la bibliothèque ni à l'article savant ! On dirait qu'un flux a bifurqué. Mort, le savant article engendre la nouvelle vivante.

L'engendrement concerne aussi l'écrivain. Il renaît double, érudit et conteur, tiers, comme cette femme, attirante et fatale, comme le héros, meurtrier mais divinisé, comme le fleuve dont les branches se dessinent sur la terre.

Voyez le double foyer. La science laisse sa clairvoyance et le récit, aveugle, débute, à la tombée de la nuit. Tâtonnante, la science amène à une hypervoyance et la littérature, brillante, commence. Qui décidera ? Existerait-il une clarté supplémentaire dans la science critique et une obscurité dans le récit, puisqu'elle discourt de lui et non lui d'elle ; or, ici, le récit parle et part de la critique et l'abandonne, comme s'il existait en lui une clarté propre à laisser la science à son aveuglement : extra-lucide Carmen. Qu'en est-il de ce clair-obscur alterné ?

Savants, ne mettez pas de notes au bas des pages de *Carmen,* car le début de la nouvelle a extrait d'elles l'essence même de ce qu'elles peuvent donner ; laissez le récit en paix, car il dit, mieux que toute science, exactement ce que la science ne saura jamais dire d'elle-même ni des textes ni des hommes ni du monde.

Dessinant des réseaux de bifurcations, *Carmen* enseigne excellemment le tiers-instruit, en même temps qu'une philosophie de la création. Que l'on remonte le cours d'un fleuve ou de la vallée vers la montagne, on rencontre autant de confluents que l'on veut. Et pour descendre, il faut choisir : ou vous avalez à droite, du côté des Inscriptions et Belles-Lettres, ou vous décidez à gauche vers le récit raconté. Mais, à un moment et même à tout instant, puisque les fourches abondent, l'aventure reste en tiers, en équilibre, en une origine courante, entre les jugements, l'amour et la mort, la science et la littérature, l'érudition et le racontar.

La nouvelle décrit le passage d'un seuil ou d'un col : la science y remonte et le conte en descend. Preuve exacte que la source jaillit exactement au passage du point tiers : dans le cirque paisible à la pelouse fine et au sable blanc... En ce lieu, où nous remontons aujourd'hui, dort le tiers-instruit.

La leçon de Mérimée changera notre vie : savant, il sort et ne sort pas de la bibliothèque, et, dans cette hésitation, copie son article érudit ; mais, à la tombée de la nuit, lassé des travaux experts, revient sur les quais du fleuve, parmi les tanneurs et les ouvrières, et, là, retrouve celle qui, en amont des sources, inspire, depuis toujours, ce qui, toujours, surpasse infiniment l'érudit : le racontar fascinant. Comme le cours d'eau, le corps de l'auteur bifurque : de la main gauche, Mérimée se met à écrire, vraiment, et oublie la science, recopiée de la main droite.

Il en découvre l'origine courante, en énonce le titre et développe l'accomplissement.

On dirait que la littérature passe où l'expertise trouve un obstacle. Comme si, noyé dans la densité du sens, le non-savoir savait encore ce que, débordé d'informations, le savoir ne saura plus jamais. De même, si la philosophie consistait à clarifier les propos et à les transformer en objet de débat, elle ferait double emploi avec la science. Passe le récit, aveuglement compris, quand la philosophie répète et piétine.

Mais elle seule peut aller assez profond pour démontrer que la littérature va encore plus profondément qu'elle.

Je vois que le savoir clair contient un aveuglement au moins aussi large qu'est profond le savoir obscur contenu dans l'ignorance. On ne comprend parfois qu'à la condition de liquider sa science dans le récit loyal des circonstances. Les solutions ne résident pas toujours au lieu où on les cherche. Il faut toujours payer, donc accepter de solder par quelque aveuglement ce changement de lieu, pour voir mieux.

Engendrement à l'aurore

Puante du suint des ovins mâles, éclaboussée de lait caillé autour des fromages qui s'égouttent sur des claies, la caverne où dort le Cyclope, obscure, se défend contre les regards : mais il voit plus et mieux, lui, le géant hirsute et sauvage, parce qu'il n'a qu'un œil, au milieu, d'où sort un rayon laser. Les gabiers d'Ulysse ont beau se terrer dans les encoignures, les pattes velues du monstre les dénichent et les portent, pantelants, à son autre trou, la bouche sanglante.

Qui cautérisera cette lumière implacable ? Qui fermera ce deuxième puits au surplomb de la gueule ? Un homme nommé Personne. Errant depuis si longtemps, par les mers et hors les îles, qu'il a tout perdu et que ses vaisseaux et ses sandales, sa tunique, ses projets, jusqu'à son nom propre l'abandonnent aujourd'hui encore. Il n'est plus compté.

Le monstre borgne extra-lucide qui voit même dans la boîte noire, puissant comme la montagne sous laquelle il dort, porte un nom qui en exprime plusieurs à la fois, Polyphème. Cela veut dire : qui parle beaucoup, dont on parle partout, aède, illustre et fertile en arguments. Il compte beaucoup. Toute sa gloire lui sort par l'œil. Plus encore, son nom commun de Cyclope signifie : circulaire, occupant tout l'espace, incontournable. Tout discernant sous la lumière de son œil circulaire et tenant le langage par sa bouche dévorante, il s'entoure de brebis et de béliers, disciples, admirateurs, lieutenants, sujets, esclaves, porteurs fidèles, courbés la tête contre la terre, interdits d'intelligence.

La lueur exclusive émanée d'un trou alimente le second, avide.

Personne, l'errant, n'a pas de nom ; l'encyclopédiste Polyphème dispose de cent mille mots éclatants ou rigoureux.

Mais qui donc cause sans cesse, chante aux banquets, négocie, harangue, ruse, gagne, incontestable expert dans les langues ? Ulysse. Et de qui parle-t-on depuis la guerre de Troie ? De lui, cent fois plus que des vainqueurs et des cyclopes. Qui navigue circulairement, visite toutes les mers et les terres connues ? Le même. Qui ne peut jamais se passer de compagnons, de rivaux, de cour ? Ulysse.

Qui donc porte le nom du Cyclope Polyphème ? Ulysse soi-même.

Quand le navigateur cautérise le regard géant, au centre, avec son épieu pointu, il s'aveugle donc lui-même. Il crève son œil vrai, entre les deux yeux déjà éteints : l'ombre succède à la lumière au milieu des deux foyers. Il efface Polyphème, son propre nom de plume, son beau surnom de renommée, non pour adopter un autre sobriquet, mais pour renoncer à tous : le voici, invisible, Personne. Il quitte la gloire et la puissance, le feu et la montagne, les agneaux bêlants, et s'enfuit de l'antre sous le ventre d'un bélier laineux, pas pris, pas vu. Nul ne le voit renaître du trou noir de la grotte, par un accouchement invisible et animal.

Il abandonne la lucidité intégrale, la science circulaire et totale, la maîtrise du langage, l'empire féroce sur les hommes, les titres pompeux, perd la force pour gagner l'humilité : plus que bête, sous la bête à quatre pattes et à la tête basse. Personne. Le voici enfin écrivain, créateur, artiste, au moins sur le chemin austère qui mène à ce métier.

Hirsute, insatiable, nourri de chair ovine et humaine, perfide, vaniteux, inextinguiblement dominateur, le premier double d'Ulysse brûle sous l'ivresse de la gloire, demi-dieu puissant soutenant la montagne, mieux qu'olympique. Le nouveau dépose cette guenille aveuglée pour renaître de la caverne mortelle sous un second surnom effacé : Polyphème devenu Personne, voici l'auteur authentique, trou absent de l'œuvre belle. Il ne compte plus.

Il a crevé même son œil du milieu.

Ulysse, alors, vient de signer *l'Odyssée*.

On dit qu'Homère ne voyait pas. Quel pieu brûlé, quelle plume acérée crevèrent ses yeux ?

Dites, qui peut reconnaître que la couleur rose de l'aurore caresse comme des doigts, qui, sauf un aveugle clairvoyant ?

Le problème du mal

En droit universelle, extensivement, la science semble s'opposer à telle culture, compréhensive et enracinée, de fait, en un lieu. Un seul foyer brillant, plusieurs sombres. Mais, extensivement, tout homme, sur la Terre, vit sa propre culture, sans laquelle il ne survivrait pas ; la voilà, en droit, universelle, opposée, par un tour inverse, à la science, qui, divisée en telles et telles spécialités, devient, en fait, compréhensive et locale, quelquefois incapable d'accéder à des problèmes globaux. Un seul foyer obscur, plusieurs clairs. La Terre intègre l'ensemble des localités singulières et la science l'univers des régions spécialisées.

Universelle, la science parcourt le cercle de ce qu'on appelait l'encyclopédie. Pourquoi dessiner ce cycle ? Sans doute en raison de l'ordre et de l'homogénéité que l'on suppose à la raison. Or, à de certains moments, une sorte de came courbe l'orbe parfait où apparaît une excentricité, comme si le cycle perdait sa surface lisse ou sa pureté. Des accidents, celui de la physique, au moment d'Hiroshima, de la biologie, aujourd'hui, ou des sciences de la Terre, interrompent l'optimisme. S'agit-il de crises internes à la science ?

La raison croise la violence, la guerre, les maladies, la mort, elle rencontre le problème du mal, traditionnel en philosophie. Erudit, Mérimée, remontant vers les origines, découvre, à l'endroit des sources, le meurtrier de Carmen ; le pieu brûlé entre dans l'œil du cyclope, épine du cercle ; les trous noirs s'ensemencent soudain dans le ciel étoilé ; face au soleil de midi paraît le deuxième foyer noir ; aucun des textes tiers-instruits ci-dessus évoqués, des romans de Zola aux *Pensées* de Pascal, ne manque ce croisement, cette rencontre soudaine de la science avec le mal, la souffrance, l'injustice et la douleur.

Quels rapports la raison, préjugée simplement lumineuse, entretient-elle avec ce problème, qui engendre la ténèbre?

Une liaison originaire. La raison occidentale ne rencontre la mort ni à Hiroshima ni à l'occasion des risques techniques majeurs d'aujourd'hui, mais la trouve dès le paradis terrestre; l'arbre de la connaissance ou de la science induit nos premiers parents à un péché originel devenu transhistorique, dès l'aube sémitique de notre histoire, qui, sous des cieux conjoints, naît des pyramides d'Egypte, tombeaux, de la guerre de Troie, carnage, ou des tragédies grecques, violence, expulsion. Au rebours des Indous et bientôt des Arabes, de tous nos voisins, proches ou lointains, qui le posent aussi mais lui donnent une tout autre solution, l'Occident commence en même temps que le problème du mal et engage contre lui un dialogue ou un combat consubstantiels, de sorte que le tragique fonde son histoire, sa raison et l'histoire de sa raison.

Celle-ci n'acclimate point le mal, mais l'exclut. La science occidentale naît de cette exclusion. Elle émerge du tragique. Ses catégories fondamentales en proviennent: pureté, abstraction, rigueur, tiers exclu... Répétitive, son histoire raconte des procès d'exclusion et ses débats mal définis avec la religion et le droit, qui se débattent tous deux avec le problème du mal.

Elle se règle sur un soleil clair qui se purge de toute ombre, mais, du coup, se règle aussi selon le second soleil noir. Oui, la raison accède à l'universel, mais, face à elle, il existe un universel culturel induit par le problème du mal. Nous sommes tiers-instruits de fondation.

Mieux ou pis, dans cette question, la science occupe vite la place de Dieu ou s'y substitue. Nous accusions jadis le second, tout-puissant et omniscient, de produire la souffrance et le malheur. La *Théodicée* de Leibniz le fit même comparaître au procès fondamental du destin humain. Or nous ne savons et ne sommes efficaces que par notre science, désormais. En elle et par elle, donc, l'universel non circulaire de l'action et de la pensée retrouve, aujourd'hui comme à l'origine, le scandale du mal.

Et, là, trouve la culture, avant tout jugement. Rien, dans la science, n'aide, en effet, à supporter la finitude, ni à penser la mort des enfants, l'injustice qui frappe les innocents, le triomphe permanent des hommes de violence, les bonheurs fugitifs de l'amour ni l'étrangeté de la souffrance... alors qu'y concouraient les cultures dont l'enracinement local faisait entrer, aisément ou malaisément, la sagesse dans la chair singulière.

Ni Leibniz ni ses successeurs n'ont assumé cette révolution keplérienne qui consiste à placer deux foyers au règlement de la connaissance comme à celui du monde, deux soleils universels, la raison et la douleur.

La science erre, la culture s'enracine. La première ne connaît pas de lieux singuliers, mais des espaces intelligibles ; elle recueille et par conséquent voyage. Elle tourne. Prosper Mérimée recherche la vérité locale des informations livresques et les œuvres d'art abandonnées. La science universelle bat la campagne en quête des sources, des racines, de sa fondation.

O merveille, voici l'endroit paradisiaque où l'herbe

verte attire le sommeil de l'errant et la pâture du cheval, où la fontaine fraîche étanchera la soif, dont la beauté favorise le repos. Enfin, la station. Non, le guide, inquiet, flaire le danger, car un homme, déjà, occupe le lieu. Tous les lieux sont toujours déjà occupés ; la science n'a-t-elle commencé son errance que pour cette raison, parce que des hommes, des chiens ou des armées sur pied de guerre occupaient depuis toujours les paradis possibles ? De fait, cet homme, ici même, dort non loin de son espingole, redoutable vieux fusil. Au paradis perdu des sources et de l'herbe verte, le savoir universel rencontre le mal singulier, injustice, amours déçues, violence, meurtre, faim.

A l'endroit de la came où le singulier relaie le cycle universel et lisse, la douleur locale crie son récit. La littérature pleure misère et souffrance depuis sa naissance. La science n'a pas encore appris la langue de ce sanglot. A ce lieu tragique commence la raison tiers-instruite.

La souffrance et le malheur, la douleur, l'injustice et la faim se trouvent au point où le global touche au local, l'universel au singulier, la science à la culture, la puissance à la faiblesse, la connaissance à l'aveuglement ou Dieu soi-même à son incarnation.

Le général regarde la bataille de loin, à la jumelle, et donc n'en périt pas souvent, les savants décrivent ou soignent la douleur, loin de s'en plaindre ; ni le global ni l'universel ne souffrent, et, si la science et la pensée se réfèrent à des sujets collectifs ou formels, le local seul supporte le mal. Jeté dessous, le sujet supporte. Voilà enfin pourquoi il porte ce nom-là.

D'où deux *cogitos*. Nous pensons et savons. Je souffre.

La science rencontre la culture lorsqu'elle s'incarne et rencontre ou produit douleur, mal et pauvreté. Ce temps-là ne cesse pas, puisqu'il porte le monde et l'histoire.

Premier foyer : la raison scientifique universelle et claire, soleil étincelant ; deuxième foyer, brûlant : tout individu incarné singulier souffrant et mourant de la rigueur des hommes, *ecce homo ;* la philosophie n'évite pas le centre ou la périphérie, tierce personne tiers-instruite procédant ou engendrée de l'universalité rationnelle et de la singularité douloureuse, de l'universalité douloureuse et des singularités rationnelles, esprit qui, en même temps, fait ou suit l'excentricité légale du monde et qui s'ensemence, multiplié, dans l'univers. Voilà le secret de la connaissance : elle fonctionne comme le monde.

Nous connaissons par le pathétique et la raison, inséparables, tous deux universels, l'une au foyer de la science et l'autre à celui des cultures ; nous pensons parce que je souffre et que cela est.

Alors le comble de l'universel atteint au singulier, ici ou là, tel héros ou cet exemple ; celui de l'abstraction se lit et se vit dans le paysage, celui du savoir gît dans le concret ; dans le récit, le comble de la critique ou de la théorie ; celui du monothéisme, dans le régime de l'esprit et la vie de l'incarné ; le comble de la science dans la connaissance de la faiblesse et de la fragilité.

D'où l'idée, nouvelle, d'un cycle d'instruction propre à relayer les sciences humaines qui expirent parce qu'elles n'avancent plus et qui n'avancent plus parce qu'elles ne forment personne et parce qu'on ne forme personne sans les sciences exactes, sans l'histoire des sciences, la technologie, d'une part, et, de l'autre, sans le droit ni la philosophie, sans l'histoire des religions ni les littératures. En bref, dans le relatif et sans la raison aux deux foyers universels.

Le tiers-instruit doit son élevage, son instruction et son éducation, en tout, son engendrement, à la raison, soleil brillant qui commande aux savoirs scientifiques ainsi qu'à la deuxième raison, *la même certes,* mais brûlante au second foyer, qui ne vient pas seulement de ce que nous pensons, mais de ce que nous souffrons. Cette raison-là ne s'apprend pas sans les cultures, les mythes, les arts, les religions, les contes et les contrats.

Les sciences humaines meurent d'avoir oublié les deux modes fondamentaux de la raison, celui des sciences et celui du droit, celui qui nous vient de la pensée comme celui, tout aussi universel, que nous inspire le problème du mal : injustice, douleur, faim, pauvreté, souffrance et mort, et qui a produit les artistes, les juges, les consolateurs et les dieux.

Il n'existe qu'une authentique raison. Elle éclaire et mobilise sous deux formes : sans la première, claire, la seconde serait irrationnelle, mais sans la seconde, chaude, la première serait déraisonnable.

A égale distance des deux, le tiers-instruit est engendré par la science et la pitié.

Guerre par thèses

Mots. La douleur, ineffable, dépasse l'exprimable. Evitons de dire que nous ne pouvons pas dire : l'indicible, cliché plat.

Le retour au donné brut, paysage singulier, par abandon du langage caractérise ou la naïveté feinte ou la sottise vraie. Souple, en effet, retorse, labile, omniprésente, la langue se venge en devançant plaisamment le débile pathétique ou vaniteux qui, tout en prétendant la passer, répète, plutôt mal, les mêmes mots ressassés. Veillons à ne pas confondre l'ineffable et le manque de vocabulaire : n'importe quelle banque dépasse en opulence les maigres magots déposés à la semaine par chaque personne physique, les vignes de France promettent de meilleurs crus que mon obscur cellier, le soleil chauffe un espace plus large que nos trois cailloux d'anthracite.

Très chère, plus que coûteuse, exorbitante, la naïveté vraie couronne au contraire la longue patience de l'écrivain. Passé l'abandon de sa parole propre, il a depuis longtemps posé son bureau en plein dictionnaire. Plus riche sa langue, plus loyal son travail. De même que, pour parler de façon probe de la mer, il faut l'avoir rabotée en tous sens, de même, pour dire dans sa langue, il convient d'en avoir visité les tours. L'écrivain n'accède au style qu'après ces traversées probatoires, de même un philosophe atteint à la pensée après de longs périples dans le pays d'encyclopédie. Aucune économie, même théorique, ne dispense de ces instructions. Le penseur doit commencer par tout apprendre, mais puisqu'il pense dans sa langue, il doit aussi devenir écrivain et pour cela traverser en tous sens sa capacité. De même que le marin ne le devient que s'il a senti son hamac se balancer par tous les océans formés ou non de mers locales, de même le penseur éprouve la pensée baignant les sciences régionales, de même, aussi, fait l'épreuve de sa langue, en ne répugnant pas d'écrire celle du manœuvrier, du voyou, du charpentier, du moine, des savants, dans la langue amoureuse, peintre ou musicienne, technicienne, passe ainsi les pages des encyclopédies et des dictionnaires, dépasse la science et les récits ; oui, la métaphysique arrive après la physique, la philosophie commence passé les savoirs et les littératures : non seulement les connaissances, dures ou douces, exactes et inexactes, rigoureuses et floues, vivantes et humaines, mais les mots, car on ne médite qu'avec eux, mais tous les mots possibles, parce qu'on ne pense bien qu'avec des mots nombreux. Multiple périple du penseur qui ne doit pas se contenter des savoirs canoniques ni de la juste preuve mais qui doit se jeter aussi dans les mythes, contes et littératures.

Nommons langue de bois celle qui use de mots en petit nombre : étang glacé perdu dans une forêt. Qui écrit dans un registre aussi serré peut-il penser sur la langue ? Enfermé dans un idiome rare, il peut parler d'atomes, par exemple, de voile, de musique ou d'amour, mais de langue ! Or je crains que les philosophies dites du langage n'utilisent en fait que très peu de mots. Ce qu'on perd en extension, le gagne-t-on en finesse ou en rigueur ?

Ne dites pas, faites, même quand vous dites. Le sens se gagne en marchant. Assez de discours, des actes, dans le discours même. Trop de critique : des œuvres ! Ce qu'on nomme théorie offre toujours le maximum de facilité avec le minimum de vocabulaire. Travail patient de l'écrivain qui navigue au long cours dans sa langue totale et qui, n'ayant peur d'aucun parage, l'écrit, donc la décrit jusqu'à ses plus lointains rivages, et tente d'épuiser ses capacités. Le plus souvent la langue sommeille, sauf une faible partie, comme dorment nos neurones. Hélas, les outils ou les témoins d'intelligence demeurent assoupis dans le virtuel, dans l'attente de celui qui choisit pour métier de les réveiller, de définir sa langue jusqu'à la faille, de la susciter entière et propre, de la faire penser ou exister en la plaçant en faux aplomb ; combine, essaie, de longues chaînes de synonymes, toutes complexes et malaisées, convergeant soudain vers la perte extrême d'une nuance. Là, trouve celle que sa langue ne recouvre pas. Le voilà enfin naïf. Acculé à regarder, à toucher, ouïr ou goûter, obligé à la sapience et la sagacité.

Sait-on, par l'exemple le plus simplement trivial, que l'*homo sapiens,* au moins son espèce de langue française, n'use pas d'adjectifs pour signifier les parfums alors que *sapiens* veut dire d'abord sentir ou subir les saveurs et fragrances ? Bleu et non couleur de ciel, jaune et non nuance de miel, voilà pour la vue, très bien pourvue, pourquoi donc odeur de rose ou goût de poire ? Cruelle disette d'épithète ! Même la statue de Condillac ne repère pas ce manque, elle qui semble commencer, justement, par l'odorat, sans jamais quitter les mots.

Voici donc le style : vibration singulière aux confins de la langue, où une variété perdue de vert, vue, demande un mot neuf au vieux dictionnaire qui ne lui donne que les trente nuances voisines, vibration du sentant et du mal dit, lieu extrême où comme une voile la langue faseye, au bord. Rien ne ressemble plus à une pensée nouvelle que ce tremblement, à la soudure fondue, à la jointure cassée, à la faille du langage.

Ainsi, quelque jour de syzygie, Bougainville embouque la conche innommée où les orques et jubartes, serrées devant son bout-dehors, l'empêchent d'arriver.

Plonger au plus tôt dans les données singulières du monde, oublieux d'une langue à peine apprise, ne fait jamais accéder à la naïveté, mais restitue des sentences usées, faux bain de jouvence d'où l'on sort sénile ; mieux vaut courir la langue, un bout de monde neuf risque de se lever au coin du portulan. Le nouveau naïf de cet événement se fait vieux.

Touche, entend, goûte, respire et sent, voit, ne parle des cinq sens qu'à la fin des périples probants dans les sciences et récits. Tard, très tard. Après avoir tourné la dernière page des encyclopédies et corpus. Oui, la métaphysique ou la philosophie viennent après les physiques et les poétiques. Passée là, sa tête a blanchi dans les connaissances, il a usé sa langue dans mille mots. Vieux routier en vue des îles vierges, il a payé le prix fort de la naïveté.

Il peut instruire parce qu'il a l'âme blanche des enfants. Agé, le vrai naïf instruit le faux naïf, jeune. Voici, de nouveau, le couple éducatif : deux naïvetés non jumelles, la vieille, authentique, acquise, sapiente, vraie — juvénile —, et la jeune, fausse, folle, fraîche, joyeuse, native — décrépite. Cherchez le tiers.

Au travail.

Le styliste et le grammairien

Pourquoi le philosophe n'écrirait-il pas ? Au nom de quoi doit-il réduire sa méditation aux éléments de la grammaire ? De quel droit lui refuser le droit au style ?

Le style et la grammaire, évidemment distants, explorent tous deux la langue, avec des moyens différents. La couple visite le monde, la connaissance et les sujets, Dieu parfois, en partant de la langue, par des méthodes qu'on peut souhaiter complémentaires, qu'on s'étonne de voir s'opposer, puisque l'un n'existerait pas sans l'autre, la grammaire faute de matière, le style faute de règles. Elle décrit, analyse, cherche à fonder, légifère quelquefois ; il essaie. La grammaire se veut théorique et l'usage expérimental. La philosophie donc devrait-elle se réserver la grammaire et rejeter le style ?

Nous connaissons cette distance qui sépare ou a séparé la tradition académique, née dans les universités d'Europe au Moyen Age, sur des fondements grecs jetés par un certain Platon et l'école d'Aristote, conservés par les Pères latins, tradition qui a perduré sans interruption notable jusqu'à nos jours dans tous les pays d'Occident, France comprise, et une autre lignée, moins stable, plus rare, peu professionnalisée parce que liée à quelques talents individuels inimitables, et parce qu'inimitables sans école ni disciples, ligne sans doute apparue en France, de Montaigne au dix-huitième siècle, mais aussi en Allemagne, de Goethe à Nietzsche. La grandeur de Platon et le site qu'il occupe, à l'origine de la bifurcation, résultent de ce qu'il a uni dans son œuvre le débat grammairien et l'exploration stylistique, pour avoir écrit *le Théétète* et *le Banquet*.

Ces deux moitiés de la philosophie, roulant sur deux versants, désirent peu se réunir et, loin de s'aimer, rivalisent et se couvrent d'anathèmes et de sarcasmes. Dans certaines œuvres cependant, elles se désirent et se rencontrent, hermaphrodites, ne comprenant pas, au moment de la fusion, pourquoi l'analyse mathématique expulserait le langage raffiné, pourquoi l'écrivain, n'accédant jamais de droit au titre de philosophe, ridiculise à l'occasion Honorius, Marphurius et Janotus de Bragmardo, rassotés ratiocinants.

Peut-on concevoir, paisiblement, qu'un pareil partage devienne complémentaire ? Le mathématicien saura mieux le monde et même son propre langage s'il consent à la physique, le physicien connaîtra mieux les choses et même son propre outillage s'il en vient à la technique, le technicien s'il apprend l'artisanat et l'artisan s'il accède à l'œuvre d'art. Le philosophe grammairien connaîtra mieux la langue et la connaissance et le monde s'il tolère le style et s'ouvre à ses exploits. Inversement on conçoit le progrès de l'artiste quand il se met à l'artisanat, celui de l'artisan se faisant technicien, celui du technicien... et ainsi jusqu'au bout du chemin, vers les mathématiques et la logique. Route double pour le philosophe. Et donc, en complément, le styliste n'écrit même pas sans obéissance préalable à la grammaire, sans logique ni règles du sens, syntaxe ni sémantique. S'il écrit vraiment, il y consent de fait.

Mais il n'explicite ni les règles ni les lois. Le grammairien, de son côté, ne déploie jamais la langue dont il parle cependant avec finesse et pertinence. L'un suppose l'autre : l'exploit, le déploiement impliquent la règle qui implique toute une philosophie ; mais la grammaire suppose une langue qui n'a pu exister que par ses odyssées. Le fait précède le droit, mais le droit précède le fait. L'œuvre anticipe sa logique dans le temps de l'histoire, et la philosophie se lève quand vient le soir, mais les règles anticipent leur application dans le temps idéal et logique du savoir et le philosophe s'éveille à l'aurore.

Or si le styliste a rarement besoin de la grammaire et peut la transgresser dans son geste raffiné d'invention, si le grammairien ne s'adonne jamais au style parmi ses délicates minuties d'analyse, reste que le philosophe, présent sur les deux fronts, a besoin de connaître le geste des deux, et doit devenir, si possible, l'un et l'autre. Midi. Au nom de quel principe ablatif se réduirait-il à la théorie des éléments, puisque le travail positif de la langue consiste aussi bien à l'accompagner à ses confins et vers son avenir ?

Le grammairien analyste bannit volontiers mythe, poésie ou littérature en raison de leurs contenus confus ou obscurs, en tous cas enveloppés, parce qu'il cherche le clair et distinct, l'explicite, et suscite le débat entre positions distinguées. A son goût, le récit ne sait jamais ce qu'il dit.

Le styliste rit du grammairien, Rabelais de Janotus, Molière de Marphurius, Marivaux d'Honorius et Musset de Blazius, la littérature se moque de l'académie ou celle-ci des universitaires pour de basses haines qui répandent la terreur dans des cas de guerre implacable, un quart de cheveu mal découpé, en raison surtout de l'immobilité. L'analyste clarifie, mais ne bouge, explicitant indéfiniment, argumentant sans repos. La grammaire philosophique de notre temps parvient-elle plus loin qu'au dix-huitième siècle, celui-ci va-t-il au-delà des théories médiévales, celles-ci ont-elles dépassé l'Antiquité? Non. En ces lieux fascinants, la philosophie découvre comme un point d'accumulation, d'où elle tire débat sans trêve, comme on puise l'eau d'un puits, sans plus pouvoir marcher que Zénon stable à grands pas. Cela illumine, certes, mais jamais ne se meut. Certes, cela éclaire, mais au prix d'un langage technique restreint, pointu, serré, passant souvent à l'algorithme, vite inaccessible à qui ne le parle pas, comme jadis le scolastique, comme si l'école écartait complaisamment tous ceux qui n'ont pas les moyens de participer à la conversation. Clarifie-t-elle aussi bien, au prix de la plus épaisse obscurité?

Comme si l'obscur s'égalisait, que l'impliqué demeurât la part de tout le monde. Comme si le langage se vengeait dans les deux cas. Il faut toujours payer dans la monnaie qu'on veut gagner. Voulez-vous analyser? Vous ne cesserez pas de le faire sans quitter le même point, comme si vous aviez mis la main sur un puits infini d'où la dichotomie renaît de soi-même. Cherchez-vous à clarifier? Vous ne cesserez d'apporter de la lumière jusqu'à l'extinction des feux. Voulez-vous expliciter? N'arrêtez pas : l'implication revient inépuisablement. Voulez-vous débattre? Le débat s'engendre de lui-même parce que la guerre n'accouche jamais que de la guerre, passant sur le ventre des problèmes et des morts, piétinant le même lieu. Ainsi les philosophies rigoureuses de la communication deviennent-elles incommunicables à force de technicité.

Les efforts ou travaux du grammairien et du styliste

se ressemblent autant qu'ils s'opposent. Livrés à l'enveloppement comme à un vertige, ils développent l'obscur, l'un en compréhension, justesse et profondeur, l'autre en extension, largeur et mouvement. Ces explications exposées coûtent cher : dans les deux cas, il faut payer, alors que tous croient qu'ils ne paient pas. Or tout se paie : même le progrès, même les libertés démocratiques, même l'athéisme, et parfois cher. De plus, la dépense à consentir doit se régler dans la monnaie qui a cours sur le marché où l'on fait ses affaires : en argent sonnant au carreau du commerce, dans l'échange d'amour en tendresse, par le seing pour les contrats de droit, ailleurs parfois avec le sang et la vie. S'il faut toujours dépenser ou payer pour connaître, on doit par conséquent régler sa dette, là, en monnaie de connaissance. La clarté se paie en étroitesse, et la hauteur de vues par l'imprécision. La clarification se règle par la statique et la stérilité, l'invention et la vitesse par le confus et l'obscur. Même en philosophie, nul n'a réussi à obtenir jamais en même temps le beurre et son prix coûtant. A chacun son risque. L'un accepte de se prendre les pieds dans des lacets, l'autre de ne poser sur le sol qu'une patte légère. La marche, la course dépensent et perdent un peu de lumière, l'analyse laisse la fécondité. Question d'échelle : que dissipent et que gagnent microscope et télescope, détail et grand écran ? De même en contraintes se monnaie la liberté et en certaines régressions se paie le progrès. Il faut voir au bilan, voilà tout.

Chacun compte la perte de l'autre pour lui dire aimablement : je n'entends goutte à tes propos. Le grammairien au styliste : hors d'ici, esprit confus et irrationnel. Le styliste : tu as toujours raison en ce que tu avances et prétends, j'y consens. Et après ? Rusé, prudent, rigoureux, circonspect, tu avances d'un demi-millimètre en un siècle. Pendant ce temps, inattentif, courageux, intuitif, je crée du sens, oui, du sens sur la vie, le monde, le tragique, la connaissance même, l'amour, le rapport au voisin, et les hirondelles portant le printemps sur les ailes. Je fais vivre la langue au prix de la clarté. Tu la clarifies au prix de sa vie. Si j'analysais, pour courir, le mouvement des os, des muscles et neurones, mes intentions et buts, raisons et proportions, je ne prendrais jamais le départ. Le grammairien dit : tu ne sais rien. Tu ne fais rien, répond le styliste.

L'un et l'autre pensent juste. Le philosophe sait, mais il fait aussi, travaillant aux deux chantiers à échelle moyenne.

L'analyste découpe, distingue pour reconnaître les éléments, de la langue par exemple. Mais la dichotomie ou la séparation n'ont pas l'exclusive dans la quête de l'élémentaire. D'autres opérations restent possibles, en toutes sciences ou recherches, et par exemple en chimie : la pesée, le mélange d'un corps dans un autre ou le contact des deux, les réactions, l'examen ou le contrôle des variations dans un fonctionnement ou processus, etc. respectent liens et connexions détruits par la division et permettent de reconnaître la présence d'un métal, l'authenticité d'un alliage, le bon aloi, autrement dit la vérité de l'analyse : méthodes nécessaires si celle-ci échoue, souhaitables même si elle s'avère agressive, car trancher les liaisons ne laisse pas les choses telles quelles. De même en philosophie et dans la langue : le philosophe écrivain essaie.

Il éprouve, expérimente. Il teste, il essaie : deux

anciens verbes de la vieille chimie, d'alchimie même, revenus à l'usage commun. Le français utilise encore le mot têt dans les laboratoires, ancien tesson ou pot de terre réfractaire qui servait à l'essai ou au test de l'or, mais ne connait plus l'essai dans le sens de la pesée.

Le philosophe écrivain expérimente sur la langue en la construisant, comme le geste de l'artisan continue, prolonge la lignée de son art, portée musicale ou ligne de sens, et, autant qu'il peut, avance. L'analyste s'arrête, brise, théorise ; l'écrivain poursuit, garde les liaisons, fabrique, parce qu'il croit qu'on ne connaît rien que l'on n'ait professionnellement pratiqué. Une langue de bois donne une connaissance stérile des choses mortes. Savoir la langue demande aussi qu'on la fasse. Qu'on la teste ou qu'on l'essaie.

Un essai loyal produit parfois, souvent, un résultat négatif, opposé, insensé. Les objets se vengent ainsi que la langue, comme la terre lorsqu'on ne la travaille pas. Ils réservent de l'inattendu, ne réagissent pas comme prévu. La tentative comporte un risque, de l'aléa, l'inconnu.

On s'expose quand on fait, on s'impose quand on défait. Quand on défait, jamais on ne se trompe, en effet. Je ne connais pas de meilleur moyen pour avoir toujours raison. Je ne crois pas connaître, en revanche, de meilleure définition de l'homme que le vieil adage *errare humanum est*, à qui je fais dire : est humain celui qui se trompe. Il a au moins essayé.

Fragile, nu, en porte à faux, l'écrivain ne se fie qu'à un talent qui n'a jamais la solidité d'une méthode : sans école pour le protéger par le dialogue et la position repérée dans le groupe, sans imitateur ni maître, il explore seul. Il peut donc manquer, se tromper ou se perdre. Il porte cette erreur possible et cette chute éventuelle comme des blessures au flanc de son œuvre. Douleur, courage de l'errance pour payer la nouveauté. Car se présentent tous les matins des façons étranges, imprévisibles, si attirantes et belles qu'il se lève, en hâte, à l'aurore, enthousiaste des paysages à traverser, pressé de reprendre le voyage dans un monde rarement familier, souvent extraordinaire. Ne sait jamais qui va entrer dans la prochaine page. Tant pis pour la chute, il teste! S'il perd, il n'aura fait de tort à personne et s'il gagne il se réjouira. Au diable les fautes, il essaie.

Auriez-vous l'audace de parler du monde si vous ne l'aviez jamais parcouru? De même que les choses diffèrent immensément de ce qu'en disent les discours, livres, journaux, revues, représentations, de même la langue n'a rien à voir avec ce qu'on en dit quand on ne la pratique pas en grand.

On croit volontiers qu'il n'y a pas de différence entre un discours sur le Margaux et le Margaux, tant qu'on n'a pas essayé. Prenez et buvez. Goûtez. Testez. On croit qu'un bon atlas sur le désert tient lieu de vie chez les Touareg du Sahara. Partez, allez. Qu'une partie se réduit à ce que le journal en dit. Déshabillez-vous, descendez sur le pré, jouez. Critique aisée, art difficile. Non, l'amour ne se prouve point par des mots, ni par des lettres d'amour. Assez parlé, des actes. L'histoire dite ne vaut jamais l'histoire faite, bien qu'elle rapporte plus de gloire et d'argent avec infiniment moins de fatigue, ainsi les stratégies se jugent sur le terrain. En tous cas, essayez.

Sinon, vous mentez. Vous mentirez, même si vous dites la vérité, à supposer que vous vous contentiez de dire. Vivez, goûtez, partez, jouez, faites, ne copiez pas. Le vrai mensonge vient de reculer devant l'essai.

On croit volontiers que la langue analysée par la grammaire et la philosophie vaut la langue vive inventée par l'écriture. Non. Le grammairien, le professeur, le philosophe n'écrivent pas assez pour savoir. Avez-vous remarqué, dans les classes, les écoles et les amphithéâtres, l'absence d'exercice vrai ? L'examinateur ou juge n'exige jamais poème, nouvelle, roman ni comédie, jamais de méditation, mais toujours de la critique ou de l'histoire, copie de copies. Pourquoi ? Parce qu'il ne saurait pas rédiger de corrigé. Au contraire, il exige histoire, critique, analyse. Pourquoi ? Parce qu'il peut et sait recopier. Pourquoi ? Pour la facilité. Faire explore, défaire exploite. Ne mentez pas, écrivez. Toute la vérité, mais rien qu'elle.

Attention : elle est mortelle.

Socrate, analyste, exige un discours court. Il interrompt rhéteurs et rhapsodes, il aboie, se moque d'eux et les torpille. Ses questions découpent l'exposé en phrases brèves de dialogue et sa dichotomie ramène la proposition à la longueur minimale d'un mot.

Pourquoi viens-tu d'écrire « exiger », en quel sens, de quelle exigence parles-tu ? Quel discours, pourquoi un discours, long, court, quel dialogue, pourquoi un dialogue, que vas-tu perdre à tout couper ? N'importe qui peut donner à Socrate les coups qu'il porte à Protagoras ou à n'importe qui. De quel droit imposes-tu, ici et maintenant, ce type d'argumentation ? A quelle condition ? Que veux-tu ? Contre qui te bats-tu ? La longueur des préalables et des conditions requises, avant qu'apparaisse la bête dont il s'agit, mesure le poids de la méchanceté. Socrate, combien tu aimes la chamaille et la victoire ; aurais-tu l'âme si basse ? Qui donc t'a nommé l'avocat général, le procureur implacable de l'humanité ? Pourquoi prends-tu la place de ceux qui nous condamnent et qui, quelque jour, te jugeront ? Quel ressentiment te pousse à l'accusation perpétuelle de tous ceux que tu rencontres ? De quel droit ce droit que tu te donnes de poursuivre et de dénoncer ? Un troisième Socrate, si l'on veut, peut naître, à son tour, de telles questions posées par Socrate à Socrate, et ainsi autant qu'on le désire. Voici ouvert le puits indéfini du débat.

Armé d'une courte épée, le fantassin s'avance vers le cavalier pour chercher le combat rapproché, corps à corps, dont il raffole. Embarrassé dans sa monture, son caparaçon et sa chlamyde, le sophiste écrivain tombe à terre, vidé de ses arçons, lui qui a coutume de galoper à cheval et non de lutter pied à pied, armé d'un arc dont la flèche vole au loin ou d'un javelot qu'il lance. Le voici plaqué à terre, fragile, enfoncé dans la terre, Socrate l'écrase. Par quelle haine et de quel droit ?

L'un atomise le texte, par un petit cliquetis d'escrime qui détaille avec acribie le réseau large des sens entrecroisés par l'autre, et sur lesquels les attractions à longue distance jouent de l'exorde au final et réciproquement, subtiles.

Le myrmidon au petit sabre, protégé d'une cuirasse lourde, chitineux insecte, affronte, dans le cirque clos, le rétiaire léger, nu, au filet mobile, oiseau volage. Combat singulier du fantassin statique et solide contre le voltigeur agile et enveloppant : les Romains appréciaient jadis ces deux gladiateurs, modèles réduits de la cavalerie aux manœuvres foudroyantes et de l'infanterie à la résistance butée, enracinée au sol, qui s'opposent dans la bataille collective, en ligne et dans le champ ouvert.

L'épée déchire, troue, coupe le réseau, taille maille
à maille dans les failles du faux-sens. Le rétiaire fait
onduler le filet, nappe qui se change en nasse, plan et
sphère, mur et prison, surface gauche et volume
mobile : à dimension zéro, point ou boule roulée dans
le poing du gladiateur ; à dimension un, longue chaîne
de raisons dépliée sur son épaule ; deux, travail à la
cape déployée devant le myrmidon, comme un leurre
qu'un taureau regarde ; trois, omniprésence, autour
du corps, de liens croisés qui l'attachent, le serrent,
l'étouffent, le mettent à mort.

Analysée, défaite au sabre, phrase à phrase, lettre à
lettre, mot à mot, la langue garde-t-elle la même
portée, une semblable fonction qu'ondoyante,
mobile, connexe, liée, changeant sans cesse d'apparence, flottante avec sa composition locale, toujours
globale même dense comme pierre en la main ?
N'aurait-elle pas, dans les deux cas, un statut polémique ou guerrier ?

Socrate fantassin désarçonne le cavalier, Socrate
myrmidon déchire le filet du rétiaire, Socrate pilier,
talonneur, immobile, cou de taureau en avant, dans le
tunnel noir de la mêlée, orteils enracinés dans la boue
jusqu'à la cheville, résiste à toute poussée, plaque
jusqu'à leur couper le souffle les coureurs troisième
ligne ou trois-quarts qui giflent tout le dispositif lourd
d'un changement d'allure imperceptible. L'avant lutte
pied à pied, le demi d'ouverture, changeant de pied,
réoriente tout le tissu du jeu du côté fermé vers le côté
ouvert, sur un léger ou invisible écart à l'équilibre, les
arrières se mystifient sans cesse sur des contre-pieds.

Lorsque l'analyste distingue le droit du gauche, à
tiers exclu, le styliste a déjà posé sur la poussière, en
caressant la terre, une troisième patte de colombe,

inaperçue, qui fait voler le filet vers les tribunes populaires alors que le côté présidentiel l'attendait. Combat court ou long ; changement d'échelle. Un pilier avance pas à pas, mètre après mètre de terre chèrement conquise, une torsion de rein, feinte ou grimace de dos, un coup de patte dans la boîte et l'enjeu va courir à soixante mètres de là. Sur quel vide te courbes-tu, ici, analyste, la question a rebondi si loin sur les longues géodésiques du langage... Lève la tête au-dessus de la mêlée, vois haut et long.

Le taureau myope, cou baissé sur le sable ocre, lance ses tonnes et ses cornes, en orbite rectiligne, vers le torero en habit mortuaire de lumière, virevoltant derrière mariposes et manolétines rouges, fesses hautes, fines, fragiles, tremblantes, aine et arcade crurale exposées, poignet intelligent à sollicitation menue. A quand, vers où l'inclinaison, au millimètre, à la demi-seconde près ? Qui des deux, fantassin quadrupède ou coureur au pied léger, va mourir, en la célébration d'un moment décisif dans l'histoire de la bête humaine, qui des deux, sabot ou contre-pied, va tuer, en cette commémoration de l'instant où le collectif versa, sans le savoir ni le décider, du sacrifice humain au sacrifice animal ?

Socrate taureau, yeux globuleux, front chauve, mufle de faune, laid à faire peur, démonte d'un coup de tête le pantin sophiste désarticulé. Quel instant commémore-t-il en ce parricide haineux ? Quels moments disparus commémorons-nous quand le pilier plaque le trois-quarts, lorsque le rétiaire étranglait à même la terre le myrmidon vaincu, quand le fantassin désarçonnait le cavalier, quand l'analyste convainc de non-sens le philosophe écrivain ? Que nous passions du meurtre au spectacle, de la guerre à la gymnas-

tique, du rite au langage, du sang versé à la philosophie, les conduites restent stables aussi bien que les
passions.

On ne peut se tromper sur ce qui distingue les corps
gymnastes des natures athlètes, disent les bons entraî-
neurs. Celles-ci courent, sautent, jouent alors que
ceux-là luttent ou s'équilibrent dans les agrès, comme
naguère les maîtres matelots. Nul athlète ne se trouve
à l'aise au trapèze ni dans les barres, peu de gymnastes
descendent sur la piste ou sur le terrain. Musculature
courte, ramassée, force dans les bras et la ceinture
scapulaire ou bien forme longiligne et force en haut
des cuisses, ressort. Le recrutement militaire jouait, je
le suppose, de ces deux populations. Conscrit, Socrate
pointe chez les gymnastes.

L'enseignant, bon entraîneur d'intelligences, ne se
trompe pas, lui non plus, sur la même différence, du
côté de la connaissance. Il observe les deux populations parallèles : travailleurs opiniâtres, à volonté
butée, horizon court et idées rares, efficaces et
stables, gagneurs, revenant inlassablement sur le
même sujet, fixes et obsessionnels, sangliers ; intuitifs
rapides à odorat subtil, idées nombreuses passagères,
inventeurs buissonnants privés de la maîtrise sur leur
propre fécondité, inefficaces, instables, amoureux de
la beauté, renards. Exploitants réalistes et aristocrates
miséreux. L'insecte fouisseur et l'oiseau migrant, le
grammairien et le styliste. Don Quichotte et Sancho
Pança. Aujourd'hui, Pança fait sa fortune en science,
dans la littérature ordinaire le Quichotte traîne sa
misère.

Socrate et Platon. Pas de philosophie sans ce couple en paix, sans cette paire unie qui n'exista jamais. Toujours en duel, en somme. Platon — mais où donc courait-il, peureux, au moment de la mort de son maître, le grand absent du *Phédon?* —, Platon écrit, passé le procès, sur le cadavre de Socrate, raide et froid, à la fin des analyses fines de l'âme ; Platon drogue Socrate de ciguë pour écrire long et beau, plonge dans la torpeur la torpille même, lui administre un narcotique pour ne pas se trouver soi-même torpillé, immobilisé, obligé sans cesse à la dichotomie épuisante et aussi infinie en son genre que le discours le plus dilué. Quelle immense chance que de garder la grammaire à distance sans les abois du grammairien, de suivre la loi passé la mort du légiste, mais quelle tristesse tragique de commémorer toujours le même combat pour la même mise à mort.

Quand il écrit, le taureau est mort. Mais il n'a jamais écrit pourquoi Socrate, jamais, ne put écrire : épuisé d'analyse.

Vieille philosophie sauvage où la paix ne peut intervenir qu'entre un Socrate dérisoire assis sur son âne et un beau Platon déconfit juché sur la haridelle, courant sus aux idées pures, don Quichotte et Sancho Pança.

Que l'écrivain donne à la grammaire son démon et l'ironie légère, hauteur de vues, largeur de champ, que l'analyse rende au style une solidité sans faute, et renaîtra la philosophie. Assurer son pied dans le proche voisinage mais prévoir de loin : nul ne conduit son pas en montagne, son cheval sur le chemin, son corps, généralement, sa vie, son âme, sa famille, son budget ni sa voiture, sa pensée, en se passant de ce simple et nécessaire précepte, qui réunit dans un seul coup d'œil le local et le global, l'universel et le singulier, mais dont la disjonction produit une seule sottise risible, chute ou immobilité, Quichotte dans les moulins et la déconfiture, Sancho cultivant la platitude.

Pas de philosophie sans ce couple apaisé, riant des combats inutiles et devenus simplement rituels, par commémoration. Mais maintenant que nous nous souvenons vraiment des cadavres qui gisent entre nous, celui du coq sacrifié sur celui de Socrate condamné, du taureau ou du matador, du rétiaire et du myrmidon, du fantassin et du cavalier, que nous nous souvenons de ce péché originel des disputes langagières, de l'archaïque mise à mort, à quoi bon le rite de la commémoration ? A quoi bon faire combattre dans l'arène du langage le styliste et le grammairien ?

Si la philosophie, amie de la sagesse ou, plus grammaticalement, donc avec plus d'élégance dans le style, *savante en amour,* a pour but ce qu'elle prétend dans son titre, elle dira demain, tout ensemble, la langue, et demandera ses appuis, plus encore qu'à l'analyse et à la rhétorique ensemble, aux mythes et aux religions, aux techniques et aux sciences, à tiers inclus.

L'aventure, ce jour, recommencera.

Un souvenir de jeunesse : Leibniz achève son *Discours de la conformité de la foi avec la raison* par les funérailles de Bayle. Mon adversaire, dit-il, voit maintenant Dieu face à face — et que j'ai raison. Un peu auparavant, il avait cité de grands prédécesseurs, dont Abélard, qui avaient souffert dans leur chair pour payer leurs discussions. Leibniz gagne puisque Bayle est mort. Le tribunal passe condamnation et l'on comprend le poids de la peine, enfin : dantesque. *La*

Divine Comédie de même se venge *post mortem,* dans les trois espaces surnaturels distingués par la sentence. La vengeance de l'écriture et de la philosophie, comme la bombe atomique, surtue.

Non seulement tue mais condamne ou sauve encore après la mort. Dans les sciences, les théories changent, non point par le merveilleux pouvoir de leur véracité, mais parce que les tenants des théories adverses prennent leur retraite, meurent donc aux colloques et pour l'administration ; et il se trouve toujours quelque historien pour déterrer les cadavres et condamner derechef tel ou tel inventeur oublié à errer sans repos dans l'enfer de l'erreur et des ombres décevantes. Histoire : puits des ressentiments.

Ici, l'enjeu du discours, encore — la conformité de la raison et de la foi —, se règle par la mort. Car si la raison raisonneuse et pugnace accule l'adversaire à la mort, la foi, quant à elle, nous révèle ce qui se passe après elle. Donc la conformité, je veux dire la chose et la cause qu'ont en commun la foi et la raison, c'est encore la mort. Spéculativement, bien entendu, mais, de plus, pratiquement, dans la discussion écrite entre Leibniz et Bayle, jusqu'aux splendides funérailles du second, immolé à l'entrée du tribunal de la *Théodicée.* Derrière le tribunal où Dieu lui-même comparaît, accusé, apparaît celui où le philosophe, écrivain, triomphe.

Leibniz, alors, construit le prétoire et y plaide la cause divine. Il a les pieds — il se fonde — sur le tombeau de Bayle, lui le philosophe saint et raisonnable qui va résoudre la question et obtenir la bonne sentence. De même Platon se dresse sur les funérailles et la tombe de Socrate. Cette position rapproche-t-elle tous les philosophes ? La raison philosophique a-t-elle toujours besoin d'un meurtre pour se fonder ?

Intervint récemment un changement d'importance : mes pieds ne s'appuient sur le tombeau — plein — d'aucun corps particulier, mais sur le cénotaphe — vide — du genre humain dans sa totalité, depuis « la Thanatocratie », *Statues* et *le Contrat naturel*. Au tribunal de la raison et de la science, aujourd'hui, le philosophe plaide pour la survie des hommes et de la Terre, pour la vacuité longue de la boîte noire abominable.

Plus de mise à mort singulière, mais l'exigence de la vie spécifique : nous ne nous battons plus que contre nous-mêmes. Nous ne sommes, ni les uns ni les autres, opposés les uns aux autres, mais nous vivons tous en tiers.

Une certaine histoire s'achève. Une nouvelle commence-t-elle ?

Paix sur les espèces

Une route entoure l'Université Stanford ; à l'intérieur de la ceinture, quinze mille femmes et mâles écrivent, lisent, expérimentent, impriment, calculent, se réunissent pour parler, fréquemment, et pensent parfois, adonnés aux langues et aux codes. Hors de la limite, pelées le plus souvent, vertes quelquefois, trois collines douces servent de refuge à des promeneurs qui, s'ils font silence et passent doucement, peuvent y rencontrer geais bleus et faucons crécerelles, de rares crotales et plusieurs serpents innocents, un milan et une énorme tarentule, en plus du troupeau de génisses, réplique tacite des élèves et chercheurs d'en bas.

On n'y voit que le soleil ou la lune, la baie au loin, la

faille de Saint-André tout près, on n'y entend que le vent, le pépiement canonique d'un oiseau si facile à imiter que le chanteur répond aussitôt avec complaisance, on y communique autrement que par langues : serait-ce l'un des lieux d'un autre savoir ?

Refusant de transporter, par baladeur, la langue de l'un dans le silence de l'autre, le solitaire tenterait plutôt de ramener celui-ci, ancien, dans celle-là, neuve ; disciple de saint François, il parle aux oiseaux, mais surtout il les écoute.

Voici donc ce que taisent les bêtes.

Noces de la Terre avec ses maîtres successifs

Tard venus, étonnant encore la Terre de leur jeunesse, gauches, raides, gourmés, âgés à peine de quelques millions d'années, donc mal adaptés, arrogants de leur petite science, les hominiens se croient les premiers, parce qu'ils arrivent les derniers. Matière inerte, flore et faune sont souvent plus vieilles qu'eux. Ils paraissent ignorer que leur histoire, nouvelle et récente, répète mille cycles jadis achevés.

Voici. Aussitôt que chacune des espèces vivantes apparut à la lumière, les autres la virent entreprendre activement de conquérir toute la Terre, la flore et la faune, en général, présente et passée, l'espace, le temps, l'énergie, toute la nourriture, du soleil aux entrailles du globe.

Plantes, poissons, reptiles, oiseaux, insectes, mammifères, tour à tour et temps après temps, par vagues successives, arrachèrent à la vie la maîtrise et l'empire, chacun selon ses moyens et par sa stratégie, taille, puissance, force, nombre, ruse et méchanceté, jusqu'au bout de la puissance et de la gloire.

Et tous, sans exception, du ver au taureau, de la fougère au séquoia, du moustique à la vache, du serpent à la baleine, ère par ère, devinrent rois : le loup, le rat, l'ocelot, le wapiti... A les approcher, nous reconnaissons encore aujourd'hui, sur leur robe ou leur tronc, dans leur port ou le long de leur allure, la majesté du règne et de leur ancienne dignité. Les voici au faîte.

Là, il fallut, soudain, décider. Chaque espèce, spécialisée, parvenue aux limites extrêmes de l'appropriation, fit basculer l'inerte, général, dans son étroitesse oblique. Le nouveau maître envahit la Terre entière : la surface du globe se trouva soudain grouillante de milliards de lézards... rien de nouveau sous le soleil ; la reproduction rationnelle recouvre le réel multiple et buissonnant ; ou encore, selon qui se saisit de la suprématie, dans la termitière unique et généralisée, le termite n'a plus à manger qu'un termite identique.

Parvenue donc à son comble, cette espèce élimine toutes les autres et détruit la Terre, mise en déséquilibre et en danger de mort par cette simplification ; cette dernière, alors, met à son tour l'espèce reine en danger d'extinction par son triomphe même, excessif. Quand il n'existera plus que des rats, en effet, comment les rats pourront-ils continuer à exister parmi les seuls rats ?

A ce seuil vertigineux, une à une, au cours des temps et des millions de millénaires, tour à tour se présentèrent les espèces : et la Terre les jugea.

Ici et là, dans l'univers, d'autres terres, peut-être, disparurent de ce défi-là, de leur lutte finale contre le maître temporaire, mais la présence constante et hyperarchaïque de notre Terre, ici-bas, montre qu'à ce seuil temporel, sans cesse reproduit dans notre évolution, elle obtint toujours le dernier mot.

Chaque règne recula devant la Mère.

Des espèces disparurent, et les autres, à la lettre, s'humilièrent. Celles qui subsistent demeurèrent parce qu'elles renoncèrent à la maîtrise unique, à la puissance et à la gloire, à la concurrence effroyable, devant l'annonce de la mort collective suivant immédiatement la définitive victoire. Pour survivre donc, en elles-mêmes et par elles-mêmes, elles prirent cette décision muette, tacitement imprimée dans leur gène codé. Là gît la marque de leur humilité.

Oui, elles s'humilièrent devant la Terre, quittèrent le faîte et entrèrent en elle : obéissantes à ses contraintes, elles plongèrent pour se fondre dans la profondeur des mers ou glissèrent sous sa surface sans la troubler en se coulant dans la houle, forèrent des sapes noires dans l'humus ou les rochers, disparurent dans les turbulences des hautes régions de l'air ou se lièrent, immobiles, en un réseau inextricable de lianes et de branches pour former la masse des forêts pluviales ou équatoriales... toutes enfin dissoutes, mêlées, fondues dans la nature, ainsi nommée parce qu'elle rendait la naissance, silencieusement, communautairement, à celles qui venaient d'abandonner à jamais l'arrogance de leur ancienne destinée, le paranoïaque projet d'occuper la Terre entière à elles seules ; délaissant leur haute stratégie pour rejoindre l'obéissance asservie de l'instinct, pli harmonique sans faille de la Terre-Mère, qui, alors, les sauvegarda.

Devant l'homme, aujourd'hui, l'animal paraît s'incliner, humilié. Notre oubli induit cette illusion stupide. L'obéissance reflète, en tous lieux et temps, l'image du commandement.

Trop jeunes, tard venus, âgés à peine de quelques millions d'années, nous n'avons jamais acquis la mémoire des règnes antérieurs : l'ère de la liane, celle de l'araignée, du scarabée, le règne du mammouth, de la mouche ou de la vache. Mais la langue s'en souvient : car le nom qu'a reçu l'homme lui vient de l'humilité.

Orgueilleux, arrogant, épris de puissance et de gloire ou tendu activement vers elles, *homo humilis* semble ignorer que son destin, écrit dans sa nomination, comme la décision principielle, finale et définitive des plantes et des bêtes s'inscrivit, muette, dans le génome des espèces, l'amènera un jour à s'humilier. A se fondre, à se mêler, à se cacher dans l'humus, notre premier parent, devant le risque de mort et d'enterrement. Trop portés à commander, nous nous inclinerons tous, à notre tour, devant cette Terre qui porte le même nom que nous.

Au contraire de nos illusions, si les bêtes s'humilient, tête à terre et yeux baissés, elles nous montrent par là que, temps après temps, elles jouèrent un jour et tour à tour le rôle d'hommes.

Humiliés, tous les vivants s'appelèrent hommes quelque jour. Furent des hommes. Jouirent du faîte, rois, lancèrent le défi viril de la maîtrise avant le retrait définitif. Notre langue le redit, le regard de l'otarie l'exprime, on peut le compter sur les raies de la robe du tigre, le lire sur le sablier rouge de la veuve noire ou le déchiffrer dans les ganses calmes de l'anaconda.

Tous humains, avant leur dissolution dans l'humus et l'instinct, conservent derrière eux leur vrai péché originel, stable pour toujours dans leur génome : avoir été hommes, donc rois, nouveaux, glorieux, puissants et si follement concurrentiels qu'ils en oublièrent la Terre. Obéissants maintenant d'avoir tant commandé, ils ont abandonné cette intelligence en faveur de la bestialité. Sauvages et sages.

Ce péché, tous le gardent, fixement, derrière, et toute leur existence instinctive continue à se ranger dans sa mémoire — mais nous le tenons devant, comme notre projet collectif. Non point originel : terminal. Prochain, final : mais non primitif.

Nous voici, à notre tour, les derniers, au faîte de la puissance, à la minute même de commettre la faute. Allons-nous quitter le paradis ?

Je dois dire à mes petits-enfants que je me souviens encore d'une enfance dans une campagne calme qui donnait à suffisance des fruits délicieux.

Choisir : l'empire ou la Terre ? Celle-ci a gagné jusqu'à aujourd'hui.

Je cherche un chemin moyen entre l'intelligence royale arrogante imbécile et l'instinct harmonique poli humilié, obéissant avec une platitude bête pour avoir commandé follement.

Je ne quitte donc plus la route — tierce — de crête entre les institutions de science et les collines du silence.

Paix et vie par l'invention

Apprentissage, oubli. Mis à part des cas rarissimes, moins de dix assurément pour quatre millénaires d'histoire connue, dont les noms signent presque toujours des œuvres de mathématiques et de musique, ces deux langages à mille valeurs parce que privés de sens discursif, on ne rencontre pas de génie naturel, immédiat et sauvage. Qui attend l'inspiration ne produira jamais que du vent, tous deux aérophagiques. Tout vient toujours du travail, y compris le don gratuit de l'idée qui arrive. S'adonner, ici et maintenant, d'un coup, à n'importe quoi, sans préparation, aboutit à l'art brut dont l'intérêt se borne à la psychopathologie ou à la mode : bulle passagère, pour tréteaux et bateleurs.

Œuvre d'art, voyons le mot. L'œuvre a pour auteur un ouvrier, de formation artisanale, devenu expert en sa matière propre, formes, couleurs, images, pour tels, langue pour moi, marbre ou paysage ailleurs. Avant de prétendre produire des pensers neufs, il faut, par exemple, ouïr les voyelles : un ouvrier, un artisan d'écriture les distribue dans la phrase et la page comme un peintre les rouges dans les verts, ou un compositeur les cuivres sur les percussions, jamais n'importe comment. Ainsi des consonnes ou des subordonnées : labeur long sur la feuille trouée comme le tonneau des Danaïdes, si indéfini qu'on y passe sa vie. Créer : ne s'adonner qu'à cela, de l'aube à l'agonie.

Cela suppose la meilleure santé : dévorant le corps de son embrasement, la création épuise à mort et tue à la fleur de l'âge quiconque n'y résiste de vive force : Raphaël, Mozart, Schubert, autour de trente ans,

Balzac et saint Thomas d'Aquin, vers quarante.
Avant de se mettre à rimer, le vieux Corneille se
déshabillait pour se rouler, tout nu, dans des couver-
tures de bure où il suait d'abondance, comme en un
sauna : l'œuvre géniale transpire du corps ainsi qu'une
sécrétion. Elle sort des glandes. Des dizaines de kilomètres, tous les jours, marchaient Rousseau et Diderot. Les idées nouvelles émanent d'athlètes. Le sobriquet Platon signifie, en grec : large d'épaules. Il faut
imaginer les grands philosophes en joueurs de rugby.
A travers le gréement du trois-mâts en route de
Saint-Malo à Baltimore, Chateaubriand surclassait
les matelots dans la gymnastique acrobatique et la
voltige.

On demandait à Malebranche comment et pourquoi
Il avait créé le monde, avec son cortège de peines et
d'ennuis, de crimes et d'abominations, ce Dieu infini
qui eût pu si aisément se reposer en jouissant éternel-
lement de son intelligence et de bonheurs renouvelés ;
à quoi le philosophe avait coutume de répondre que
nul ne crée que par un supplément de puissance : donc
l'univers naît de la surpuissance du facteur. Dans la
pratique, rien de plus vrai. Plus de force et l'œuvre
vient ; et de la faiblesse rien.

On rencontre donc peu de génies malades, drogués,
faibles ou mélancoliques. Doutant, oui ; patholo-
giques, non. Elle a produit beaucoup d'émules sté-
riles, la publicité romantique et menteuse en faveur de
l'inventeur fou, désaxé ou déséquilibré dont l'œuvre
marche à la névrose ou à la chimie : rien ne sort d'une
piqûre ni d'un flacon d'alcool. Ou plutôt : à supposer
que, faible et alangui, commence l'ouvrier, l'œuvre,
petite et croissante, fonctionne, vite, pour lui, comme
un appui, et sans cesse le renforce. L'œuvre habite

dans la force, puis la puissance loge dans l'œuvre ; l'une se nourrit de l'autre qui se repaît d'elle, de sorte que toutes deux, en symbiose spiralée, grandissent l'une par l'autre en augmentant leur résistance à l'attraction de la mort.

Ce qu'on appelle l'immortalité des chefs-d'œuvre résulte simplement de cette volute positive qui s'alimente et s'élargit en revenant sur soi, comme un tourbillon ou une galaxie. La santé vitale produit d'elle-même, ensuite le produit rejaillit sur la vie, jusqu'à vaincre la morbidité comme la mortalité. Ainsi vit encore intensément ce qui naquit voici deux mille ans. Si l'œuvre a besoin de l'ouvrier, à un moment celui-ci n'a plus besoin que d'elle : à lui donner son corps et sa vie, elle la rend avec bénéfice. D'où, à la limite, la victoire sur la mort.

Donc il existe une hygiène, oui, une diététique de l'œuvre. Les sportifs de haut niveau vivent comme des moines et comme ces athlètes les créateurs. Cherchez-vous à inventer ou à produire ? Commencez par le gymnase, les sept heures régulières de sommeil et le régime alimentaire. La vie la plus dure et la discipline la plus exigeante : ascèse et austérité. Résistez férocement aux discours ambiants qui prétendent le contraire. Tout ce qui débilite stérilise : alcool, fumées, veilles longues et pharmacie. Résistez non seulement aux drogues narcotiques, mais surtout à la chimie sociale, de loin la plus forte et donc la pire : aux médias, aux modes convenues. Tout le monde dit toujours la même chose et, comme le flux de l'influence, descend la plus grande pente ensemble.

L'œuvre d'art fait barrage devant cet écroulement. Victoire sur la mort, elle s'identifie à la vie et il n'y a de vie connue qu'individuelle. Singulière. Originale.

Solitaire. Entêtée. L'œuvre fait une espèce animale à soi seul, puisque son arbre, phylogénétique, produit des fruits ou des bourgeons individués, livres, musiques, films ou poèmes. Elle vient donc de la disposition unique des neurones et des vaisseaux sanguins. Jamais de la banalité collective. Inverse de la mode, opposée à ce qui se dit, elle résiste par définition aux médias, je veux dire à la moyenne.

Le but de l'instruction est la fin de l'instruction, c'est-à-dire l'invention. L'invention est le seul acte intellectuel vrai, la seule action d'intelligence. Le reste ? Copie, tricherie, reproduction, paresse, convention, bataille, sommeil. Seule éveille la découverte. L'invention seule prouve qu'on pense vraiment la chose qu'on pense, quelle que soit la chose. Je pense donc j'invente, j'invente donc je pense : seule preuve qu'un savant travaille ou qu'un écrivain écrit. A quoi travailler, à quoi bon écrire, autrement ? Dans les autres cas, ils dorment ou se battent et se préparent mal à mourir. Répètent. Le souffle inventif donne seul la vie, car la vie invente. L'absence d'invention prouve, par contre-épreuve, l'absence d'œuvre et de pensée. Celui qui n'invente pas travaille ailleurs que dans l'intelligence. Bête. Ailleurs que dans la vie. Mort.

Les institutions de culture, d'enseignement ou de recherche, celles qui vivent de messages, d'images répétées ou d'imprimés copiés, les grands mammouths de l'Université, des médias ou de l'édition, les idéocraties aussi, s'entourent d'une masse d'artifices solides qui interdisent l'invention ou la brisent, la redoutent comme le pire péril. Les inventeurs leur font peur comme les saints mettaient en danger leurs églises, dont les cardinaux, parce qu'ils les gênaient, les chassaient. Plus les institutions évoluent vers le gigantesque, mieux se forment les contre-conditions de l'exercice de la pensée. Voulez-vous créer ? Vous voilà en danger.

L'invention, légère, rit du mammouth, lourd ; solitaire, elle ignore le gros animal collectif ; douce, elle évite la haine qui colle ensemble ce collectif ; j'ai admiré ma vie durant la haine de l'intelligence qui fait le contrat social tacite des établissements dits intellectuels. L'invention, agile, rapide, secoue le ventre mou de la lente bête ; l'intention vers la découverte porte sans doute en elle une subtilité insupportable aux grosses organisations, qui ne peuvent persévérer dans leur être qu'aux conditions de consommer de la redondance et d'interdire la liberté de pensée.

On appelle information une quantité proportionnelle à la rareté. Exactement scientifique, cette définition surprend qui entend l'autre information se répandre et se diffuser jusqu'à la redondance. Or voilà le contresens : ce qui se propage et devient probable, en faisant se courber les nuques obéissantes, se nomme entropie ; inversement la néguentropie croît comme l'improbable. L'information, néguentropique et donc peu probable, remonte le cours irréversible de l'entropie qui, elle, s'écroule vers le désordre et le non-différencié.

Ce dernier flux use le relief, l'arase, dissout les roches de toutes sortes et les mélange, le fleuve entraîne vers la mer, mêlé à des eaux de plus en plus lentes et jaunâtres, le sable indistinct, alors que le barrage, rare, crée de la différence : il résiste à la descente que l'ancienne langue désignait par le verbe avaler, choir vers l'aval. A ces barrages-là se réduisent toutes les sources connues. Pour que donc l'invention, comme on dit, coule de source, il faut que cette résistance intervienne, en quelque temps et quelque part ; sans doute, cela suffit. L'entropie descend, l'information remonte, la première vers le plus probable, la deuxième vers le rare.

Résister. Au courant, à la chute, à la dissolution, au désordre, au temps. Le morceau de sucre ne peut se défendre de l'eau qui le dissout mais qui n'entame pas le diamant. On pourrait aisément définir le travail comme l'ensemble des opérations qui permettraient de tirer le sucre, de l'extraire et de le cristalliser, à partir de l'eau où il entrait en solution : l'y dissoudre au contraire fait voir l'inverse du travail. Il faut de l'énergie dans le premier cas, non dans le second. Comme on dit, cela se fait tout seul.

Puisque l'œuvre et l'ouvrier appartiennent à la même famille que le mot énergie, qu'est-ce que l'œuvre qui fait l'ouvrier ? Une banque d'énergie, un dépôt de puissance comme un lac en amont d'un barrage, une mine de charbon, une nappe de pétrole, un quelconque capital. Dans tous les cas : du temps accumulé. Saturée d'information, inusable, l'œuvre d'art non seulement résiste au temps qui passe mais, de plus, le remonte.

On compte sans difficulté la différence temporelle entre l'œuvre d'art et l'objet de luxe, par exemple : celui-ci coûte fort cher au moment où la mode l'exhibe, mais quelques années après se revend malaisément et à vil prix ; leurs tableaux, en revanche, ne sauvèrent ni Van Gogh de l'indigence, ni Gauguin de la misère noire et cent parasites désormais se les arrachent au poids de l'or ou du yen. Dans l'équation où le temps vaut de l'argent, l'une monte et l'autre descend.

Voici défini un autre monde que celui où nous vivons : la terre et les astres y tournent en sens inverse. Chaque jour Molière rajeunit et fait rire mes petites-filles et l'opéra de la Bastille, avant de naître, prend un vilain coup de vieux. Résister ne suffit pas, car on n'a jamais vu de pont qu'un jour de débâcle un fleuve n'emporte, ni de vierge effarouchée ne jamais céder aux instances d'un faune un peu bien velu. Le temps ne cesse pas son travail d'usure, de sorte que, pour lui faire pièce, il faut courir vers l'amont. Venue de la source, l'eau fait monter l'étiage du lac de barrage vers le haut sans avaler.

Vous reconnaîtrez l'œuvre et l'ouvrier authentique à ce signe qui ne manque pas : tous deux ensemble rajeunissent. Ils mourront enfants, à force de courir vers l'origine du monde. Créer veut dire aller vers les mains de l'ouvrier divin à l'aube des choses. Inverser le temps.

Au sens de la rareté, l'information court donc dans la direction opposée à celle de l'information au sens de la diffusion. Ou bien : l'ordre qui compose le cristal, le pentagone des rosacées, la cellule géminée d'où naît un petit d'homme, inverse l'ordre qui fait se courber parallèlement toutes les nuques obéissantes. Comme si certaines choses remontaient un cours que descendent les ordres que se donnent les hommes. L'un exige énergie, travail et puissance et l'autre tombe tout seul. Deux mondes, deux flux ou rotations d'astres, deux temps : celui de l'œuvre d'art suit la vie, l'autre choit avec la mort et l'histoire. Nous retrouvons les deux foyers.

Résister ne suffit pas, en raison de l'invariance ; il faut inverser le sens, action de mouvement.

Aimez, si vous cherchez à créer : les sources, les jets d'eau, les pierres précieuses, les sommets hauts des montagnes, les écailles de l'oignon, les feuilles d'artichaut, le regard de l'otarie, les cellules germinales, les enfants, tous bourrés à craquer d'informations comme les supergéantes bleues et fuyez les paniers percés qui la perdent : les journaux, ce qu'on appelle les nouvelles, la rumeur qui se répand.

Cependant certaines œuvres ont rencontré le succès : il faut bien qu'elles aient suivi le goût le plus probable pour gagner soudain cette faveur. Oui et non, et, finalement, plutôt non.

Pour résister à l'audimat, distinguons deux genres de succès. Oui, le premier suit la mode : et en fait aussitôt la preuve en se transformant le lendemain en four. Il ne résiste pas au mois, parfois à la semaine, en général au temps. Combien de livres en vogue temporaire hier encombrent aujourd'hui les éventaires des soldeurs ? Alors le succès n'engendre pas sa succession.

A l'inverse, comme par miracle, l'autre plonge jusqu'au fond des œuvres vives du moment, les devine, les domine, les réveille, les libère, les suscite. Ce deuxième triomphe perdure. Je le souhaite à tous. Mais ne vous y trompez pas : rien de plus difficile que de trouver en quoi consiste le présent de notre temps. Ce que tout le monde en dit, loin de l'éclairer, le recouvre et le cache. N'oubliez pas que les médias répètent ce que disaient ceux qui les tiennent aujourd'hui, quand ils avaient vingt ans : ils retardent donc d'une génération et de deux parfois. Il faut donc chercher passionnément ce que vous êtes et non ce que l'on dit que vous êtes. N'écoutez personne. Résistez au torrent et aux influences, aux médailles.

Voilà le seul moyen de libérer le présent, qui se définit justement par la rencontre, rare, miraculeuse, saturée d'information, de l'œuvre et des forces vives latentes qui la conditionnent mais qu'elle seule peut délivrer. Le moment contemporain se crée par l'œuvre d'art plus encore que celle-ci ne se fabrique par celui-là. Le temps qui toujours dort se réveille par la création, comme Dieu suscita Eve dont le rêve haletait sous la côte d'Adam. Alors le succès assure et engendre la succession : celle du temps suit celui de l'œuvre et non l'inverse.

Trouver le contemporain, chose difficile. Découvrir ce que l'on est, invention plus rare encore.

Il me semble que l'on ne peut créer que dans le droit fil de la culture qui s'incarne dans la chair de sa chair. Je bredouille quand je m'exprime dans une autre langue que la mienne, alors que mon exactitude cherche et trouve à dire en français quelque chose que mon corps porte depuis des millénaires dans ma langue maternelle d'oc, milieu entre espagnol et italien, les deux autres feuilles d'un trèfle à pédoncule latin, mais épanoui en terre celte, à l'ouest plutôt qu'en est, donc plus anglais que méditerranéen. Voilà l'image que porte mon blason, le tatouage de ma peau, l'imprimé de mon code génétique, métis. N'invente-t-on jamais du nouveau qu'issu des plus profondes racines ? Comme un coup de foudre, l'idée présente connecte la terre noire et oubliée avec l'irrespirable stratosphère de l'avenir. Il faudrait donc dire notre spécificité.

Dans l'ordre de la rareté, la tradition française, exigeante, ironique et fine, savante mais légère, réservée sous la litote, l'altitude et le secret, garde toujours beaucoup d'avance sur ses rivales ou émules, mais une primauté le plus souvent ignorée, en raison de sa nature dure, très exactement, de sa quantité d'information, enfouie sous la réserve. Rome, Florence ou Venise se livrent plus facilement que Paris, ville plus sublime qu'aimable et difficile à comprendre. De même, Couperin et Corneille, infiniment ardus, s'entendent moins aisément que Beethoven et Shakespeare, qui n'hésitent pas devant quelque moyen bruyant de capter la bienveillance. Nous nous refusons agréments et commodités, de sorte que nous passons pour inabordables, et, parfois, pour arrogants. Que la pudeur se montre orgueilleuse, voilà notre paradoxe! Ainsi, toujours en danger de laisser le succès aux séducteurs plus rapides et plus sûrs, la France risque, mortellement, de se dérober aux Français eux-mêmes, dont la culture sans cesse menace ruine par cet excès ou cet écart. Quand la débilité fait la mode, notre langue, par exemple, rare, exigeante, artiste, perd. Coca-Cola toujours bat Sauternes, et à plate couture. Plate.

De plus, nous nous critiquons nous-mêmes jusqu'à l'exaspération et l'exclusion, de sorte qu'en un siècle où la publicité n'attend jamais que quelqu'un d'autre vous fasse compliment, nous nous battons nous-mêmes dans toutes les compétitions, maintenant mondiales.

Elle ne concerne pas les beaux-arts seulement, cette

hauteur improbable qui nous rend la vie si malaisée : nous n'aimons les demi-mesures en rien. Nos équipes jouent au football et au rugby divinement ou usuellement s'effondrent quand les talents rarissimes manquent. Autant sur les stades qu'en d'autres places, une culture fait voir sa nature. La nôtre, la plus difficile, exige encore plus d'austérité que mille autres qui ne se refusent pas grand-chose en fait de complaisances.

Rien donc de plus malaisé que de créer en France, mais nous sommes condamnés à produire dans cette différence. Résistez donc aux importations, le plus souvent faisandées. Vous serez toujours mauvais dans les contrefaçons. Métis, oui ; contrefaits, non.

Pour créer, il faut tout savoir et donc avoir immensément travaillé ; cette condition nécessaire ne suffit maintenant plus. Car du passé ou de la science le poids écrase et stérilise : nul ne produit moins qu'un historien, un professeur, ou, pis, qu'un critique. Analyser ou juger, voilà le propre des impuissants, qui, ensemble, jouissent de tous les pouvoirs.

Alors, de tout son corps, de sa passion, de sa colère et de sa liberté bandée, qui veut créer résiste à la puissance du savoir, aussi bien aux œuvres déjà faites qu'aux institutions qui les parasitent. Cela signifie, en clair : laisse tout ce qui rassure, prends les risques maximums. Il faut s'instruire le plus possible, au début, pour se former : tout vient du travail ; apprends et fabrique sans repos. Je bifurque maintenant pour prétendre l'inverse.

Avoir tout appris, certes ; mais ensuite pour ne rien savoir. Douter pour créer. Je résiste donc pour finir à mon discours précédent.

J'ai envie de dire la bonne aventure, la seule aventure encore possible dans les temps contemporains, le seul jeu à qui perd gagne et à qui gagne perd souvent. Non, le philosophe qui cherche ne dispose d'aucune méthode, l'exode sans chemin reste son seul séjour et son livre blanc. Il ne chemine ni ne voyage en suivant une carte qui répéterait un espace déjà exploré, il a choisi d'errer. L'errance comporte des risques d'erreur et d'égarement. Où vas-tu? Je ne sais. D'où viens-tu? J'essaie de ne pas m'en souvenir. Par où passes-tu? Partout et le plus possible, encyclopédiquement, mais je tente d'oublier. Décline tes références. Il y a peu de repères dans un désert. La philosophie vit et se déplace dans ce paysage austère et désertique où tout un peuple erra pendant une génération qui espéra et ne vit point la terre promise. Elle ne cherche pas une source, un puits, montagne ni statue, inventions ou découvertes locales, mais un monde global, habitable pour ses neveux.

Les sciences positives disposent de méthodes et de résultats : il sait presque toujours ce qu'il fait, celui qui mathématise, qui programme et réalise quelque manipulation dans un laboratoire ou qui lance un sondage dans l'opinion; et, quand il ne le sait pas, il invente parfois.

Lorsque les langues médisantes prétendront donc que je ne sais presque jamais ce que je fais ou vais penser lorsque je me voue à la philosophie, croyez-les, je vous prie, sur parole. Qu'il suive une méthode ou une école et le philosophe meurt dans le raidissement du dogme ou parce que le dit d'un maître a vitrifié sa pensée; s'il obtient des résultats locaux, sa discipline,

par bonheur, devient une science, perdue à jamais
pour la philosophie.

Que je dois maintenant définir : la philosophie
s'adonne à une anticipation du savoir et des pratiques
à venir, globalement. Un scientifique découvre ou
invente dans les lacunes d'une méthode, les ratés de
l'expérience, l'incomplétude des résultats ou la bas-
cule d'une théorie, mais le philosophe ne dispose ni
des uns ni des autres et donc encore moins de leurs
manques ou envers. Le premier, toujours reconnais-
sable, marque son temps, on reconnaît le second à ce
qu'il a, oui ou non, porté le futur : qu'il le manque et il
n'existe pas. La philosophie, rarissime, existe si et
seulement si elle dégage et aménage un espace où
l'histoire habitera comme le Moyen Age logea dans
une sorte d'Aristote augustinisé, la Renaissance dans
Platon et les temps modernes dans Descartes, Leibniz
ou Bacon. L'œuvre d'un philosophe, si et lorsqu'elle a
lieu, instaure un sol qui fondera les inventions locales
à venir. Elle porte la généralité, la terre ou l'atmosphère de l'histoire des sciences elle-même et la
liberté des arts, l'ouverture du savoir et la maison de
la pitié. Loin d'être produite, comme hélas
aujourd'hui, par les divisions de l'ancien savoir et
comme l'une d'entre elles, la philosophie a donc pour
fonction d'engendrer le prochain savoir, dans sa
culture globale, ce pour quoi elle rêve, ce matin, de la
tierce instruction.

Cette invention et son espérance attirent ainsi vers
une aventure d'où l'on ne revient pas et qui peut se
décrire en termes d'exode et non de méthode, de
naissance et de métissage, d'errance plus que d'itiné-
raire ou de curriculum, et de désert privé de référence
plutôt que de discipline comme espace repéré, tous

termes dangereux et risqués qu'on peut entendre comme mythes ou poèmes pour les exclure de la pensée, quand on fait route sur des chemins plus sûrs, mais qui valent comme éléments d'une anthropologie de la découverte ou d'une éthique, mieux encore d'une simple hygiène pour ceux qui se lancent dans cette folie sans espoir de récompense. Christophe Colomb invente les Nouvelles Indes ; ne revient pas sur ses pas ; erre, privé de routier, sur une étendue hauturière sans référence ; résiste à la pression de ses pairs ; son exode ignore qu'il voit enfin une globalité, à laquelle on donnera le nom d'un autre. Qu'importe. Il engendre un temps.

Voici plusieurs siècles, des philosophes classiques s'évertuèrent à des *Règles,* imitées des monastères, mais pour diriger l'esprit. Oserai-je en récrire pour le perdre, ou pour brouiller les jeux du sujet ou du langage publicitaires, de l'ambition dans la cité ou des systèmes dominants ? Apprends tout, premièrement, puis, le moment venu, jette au feu tout ce que tu possèdes y compris tes souliers, va dans ce simple appareil. Seule invente la tierce innocence. Si tu veux perdre ton âme, travaille à la sauver, car il la sauve enfin celui qui a paru la perdre. Seul découvre celui qui a joué le jeu le plus risqué, le plus absurde, le plus mortel, jeu à qui perd toujours finit par gagner dans un autre monde — celui des choses elles-mêmes.

Les hommes de toutes cultures n'ont jamais inventé en quelque domaine que parce qu'ils savaient qu'ils allaient à la mort et qu'ils ont su vivre et penser à son voisinage, notre limitation ultime et extrême source. Lieu terrible d'où vient toute vie.

La création résiste à la mort, en réinventant la vie : cela se nomme résurrection.

Un autre nom pour le tiers-instruit

Je ne cherche pas, je trouve — et n'écris que si je trouve. Rien dans mes livres, en aucun lieu, n'est renouvelé d'ailleurs. Quoi de plus vif, au petit lever de l'aube, que l'inattendu improbable, si alerte pour le temps, de la trouvaille ?

Qui ennuie plus pesamment que le ratiocineur répétitif qui copie ou paraît construire en replaçant constamment le même cube ? Quelle économie que de ruminer le passé ! Quelle paresse de répéter une méthode ! La méthode cherche mais ne trouve pas.

Pourtant, lecteur, quelle aise de te reconnaître dans un texte parce que tu recommences le même toujours : de reprendre, tu penses comprendre, alors que, gâteux, tu te grattes au même endroit. Au contraire, qui entend celui qui trouve ?

Car il exige beaucoup de lui-même et de qui le pratique : neuf à chaque ligne, son texte ne s'appuie sur aucune reprise. Art le plus difficile que celui de la mélodie infinie qui se lance et se risque, errant sur le chemin qu'elle invente elle-même et qui ne revient jamais sur soi, dont le saut ne se soutient que de son inquiétude, exposé, explorant sans cesse un autre fragment de terre, faseyant comme un bord d'étendard au vent, allant devant sans bénéfice ni aide, toujours à l'état naissant, allègre, éperdue, tourmentée, tordue, torturante, étrange à ouïr, émanée des racines du corps comme un envol d'oiseaux tout autour du feuillage de l'arbre, buissonnante, divergente, exode ouvert que souffrent et chantent ceux qui vont prestement de nouveautés en trouvailles, trouvères, trouveurs.

Né sous un nom de secret, j'ai retrouvé enfin mes ancêtres ; j'écris depuis toujours comme un troubadour.

La couple générique de l'histoire.
Mort et immortalité

Malgré son nom glorieux, la puissance qu'on lui prête et son geste théâtral, la création ne peut pas survivre par elle-même. Elle meurt sans mécène et ne vit que de lui : Etat, Eglise, entreprise ou particulier fortuné. Qu'il s'en désintéresse, elle disparaît.

D'où l'on tire tout de suite sa définition : elle va se mourant. La philosophie distingue volontiers la nature et la culture, comprenons enfin pourquoi : toujours en train de naître, la première s'oppose à ce qui ne cesse pas de perdre ses forces alors que la culture lutte pour son existence et meurt de créer. Définition si juste et si profonde que si, d'aventure, vous la rencontrez, ici ou là, puissante, riche, honorée, comblée, dominante et grasse, il ne s'agit sûrement pas d'elle : plutôt de son simulacre ou de sa contrefaçon. En bonne santé si elle ne crée pas, donnant sa vie au contraire pour le faire. Vous la reconnaîtrez à ce signe qui ne peut tromper : une perte sans remède. La culture créatrice est cet enfant fragile qui expire parmi nous, nouveau-né en agonie depuis le commencement du monde.

Et pourtant, elle survit. Mieux, nous ne connaissons Mécène que par celui qui abrita chez lui son immortalité à l'état naissant. L'enfant délicat délivre de la mort historique le mortel fortuné qui le sauve. Non seulement elle survit, mais il n'y a de durée longue et même d'histoire que par elle, qui seule tient le secret de subsister.

Voici le donateur et le bénéficiaire : l'un fait certainement vivre l'autre qui fait improbablement survivre le premier. Inutile de définir le généreux sans le récipiendaire ni celui-ci sans celui-là, parce qu'ils forment une couple indissociable. Liés, de fait et de droit, par le don, mais de manière asymétrique, l'un joue le long terme et le second le court, celui-ci à coup sûr et celui-là dans les aléas les plus rares.

Virgile assurément a vécu par Mécène et La Fontaine grâce à Fouquet, mais très bas descend la probabilité pour laquelle les deux derniers survivront dans l'histoire, grâce à la fable ou à l'épopée. Dans la couple ainsi réunie et stable dans le temps, pour le commun et pour le rare, l'un assure la passe présente et comme en temps réel, pendant que l'autre escompte la continuité sur la longue période.

Lequel et comment?

En fait le couple, ensemble, joue le temps court, à coup sûr, pour le long, inespéré. Face à leur lien et leur jeu commun, apparaît donc la mort, ou individuelle et corporelle, ou collective dans l'oubli des générations futures. Ils luttent de conserve contre deux effacements.

De fait, ce couple-là n'éclairerait-il pas l'histoire, puisqu'il compose la prosopopée à deux visages de ses conditions : ici fortune et là génie dans les bons cas, l'une introuvable et plus rare encore l'autre, là générosité, ici création, insolite l'une, la seconde plus exceptionnelle encore?

Voici donc la culture et l'économie, voici leur lien réalisé, en don et contre-don : quelle expérience cruciale, qui nous permet d'observer les conditions élémentaires de l'histoire sur un singulier exemple, et ô merveille, d'en décider !

Jadis et naguère, certains posèrent l'économie à l'infrastructure de l'histoire alors que nous voyons là qu'elle fait sa condition seulement immédiate. Inusable par le temps, alors que l'économie le décompose en termes courts, la culture fournit la seule et longue infrastructure, parce qu'elle et elle seule, par sa faiblesse, a la force de durer.

D'où la nouvelle question : comment se fait-il que ce qui parmi nous se révèle comme le plus faible, et même enfantin, et même mourant, dans une perte irrémédiable, reste et demeure, têtu, invariant, quand nos corps se corrompent, que nos biens et nos pouvoirs s'effacent de la surface de la terre ? Comment se fait-il que la culture créatrice fonde le long terme de l'histoire et sa continuité, que, paradoxalement, le logiciel fonde et conditionne le matériel, que le doux soutienne le dur ? Le matériel, dur, fonde le logiciel, doux, pour le présent immédiat, mais dès lors que le terme court laisse la place à la longue durée, le rapport s'inverse : le dur ne dure pas, seul perdure le plus doux.

Mais d'abord : pourquoi ce maternage, par l'institution ou l'homme riches, de ce doux enfant faible et mourant ? Comment expliquer l'improbable générosité — en dehors des retenues fiscales ? C'est que, laissée à soi, la fortune tend à reproduire une fortune accrue et contraint à ne penser qu'à elle, parce que le commandement ne sait engendrer que de la hiérarchie, que la guerre n'enfante que le conflit et la concurrence la rivalité, qu'enfin ces lois qui enchaînent le temps monotone de l'histoire par des reproductions à l'identique blasent les peaux même épaisses. Rien de nouveau sous ce soleil d'or. Ce qui se paie ennuie vite. Achetez donc dix maisons, dominez cinquante cireurs de chaussures, portez vingt bagues de prix, installez-vous à telle place notable, quel intérêt d'en conquérir encore une? Vous ne trouverez jamais que la même, à peu près. L'aise mâche par ennui de la répétition et, quoique infinie, la volonté de puissance, qui n'a jamais produit que le malheur des hommes, ne rencontre devant soi que la répugnante obéissance, rapport qui nous ramène au rang animal. Ils mangent au zoo, les grands de ce monde. D'où la recherche d'un bien autre que l'or ou la domination, producteurs exclusifs de monotonie.

De nouveau, qu'est-ce que la culture créatrice? Souvent, le matin, Mécène recevait Virgile qui lui lisait à voix haute ce qu'il avait écrit la veille, l'un et l'autre soudain vivant cette nouveauté. La création invente les nouvelles en racontant aujourd'hui ce qu'elle ignorait hier — mon métier consiste à écrire et à dire non point ce que je sais, ennuyeux, mort et passé, plus que parfait, mais, au contraire, ce que je ne sais pas et qui m'étonnera — et le mécène à l'aube courait aux nouvelles, non point à celles qui crient tous les jours à nos oreilles cassées d'autres meurtres mais les mêmes, d'autres scandales, guerres, catastrophes, prises de pouvoir, encore et toujours les mêmes, vieilles répétitions monotones d'un monde adonné à l'itérative domination, mais exactement l'imprévisible de l'artiste, l'inattendu et, rigoureusement, l'improbable.

Ni Mécène ni surtout Virgile ne savaient la veille ce qui se dirait le lendemain.

En tous temps, ce couple a produit un temps inédit. La culture créatrice vit dans le nouveau et peut se définir : la probabilité la plus basse, donc la perte irrémédiable, la plus grande rareté. Rien de moins monotone ni de plus inestimablement précieux : toujours à l'état naissant.

La vieille langue française, en ce point plus vivace et robuste que celle dont nous usons depuis, appelait trouveur ce producteur d'improbable nouveauté : trouvère au nord, au sud troubadour. Hélas! nous ne reconnaissons plus que les chercheurs. Le créateur ne cherche pas, que diable, il trouve ; et s'il ne trouve pas, que fait-il donc ici, à polluer la culture de ses ressentiments ?

Cette imprédictible invention se nomme la paix, qui suit de l'invention et la conditionne. La paix, mais aussi la vie.

Le mécène fait vivre l'artiste dans le monde opposé à celui où l'artiste fait survivre le mécène. Je veux que survivre ne signifie pas seulement prolonger l'existence, mais aussi bien la transfigurer. Dans le règne du pain et de l'eau que le généreux donne au créateur, le temps va de gauche à droite, de la naissance à la mort normale, vers la plus grande probabilité, la certitude unique de la fin ; dans l'autre monde créé par l'œuvre que le trouveur rend au donateur, le temps va de droite à gauche, de la mort vers la naissance, vers l'improbable, la plus grande rareté, l'étonnante nouveauté. L'artiste et le mécène se rencontrent à l'intersection de ces deux temps.

Voilà pourquoi j'ai dit : l'enfant. Le créateur, se mourant, va vers la naissance et l'enfance, dans l'autre sens du temps. Voilà pourquoi l'œuvre ne s'use pas et résiste à la monotonie de l'histoire dont le flux court vers les plus grandes probabilités de la puissance, de la gloire et de la mort. Allant vers l'enfance et la naissance, elle est toujours en train de naître, comme la nature géorgique et bucolique dont Virgile annonçait à Mécène la parturition tous les matins. Voilà comment la culture devient une seconde nature.

Le créateur naît vieux et meurt jeune à l'inverse de ceux, réalistes, qui, ayant, comme on dit, les pieds sur la terre, savent naître enfants et mourir gâteux, comme tout le monde. L'un donne à l'autre le jour qui passe et l'autre lui rend la jeunesse inusable.

Ces deux mondes qui tournent en deux sens différents et ces deux temps s'ignorent et s'apprécient rarement. Ils n'ont de lieu commun et improbable que cette couple contingente unie par le don.

Il est aussi difficile de recevoir que de donner, car toutes les cultures exigent, expressément ou de façon tacite, un contre-don. Je préfère le nommer pardon. Que rend celui qu'il faut bien appeler parasite à celui qui l'entretient, qui lui offre le manteau, un toit et à souper ? De vaines paroles, du vent, de ces choses qui ne valent rien, qui, pour cela, ne s'achètent pas.

L'échange alors se solde par le déséquilibre : tout contre rien ; voilà un contrat léonin. Ou plutôt : par l'écart du matériel et de l'information. Le bilan se redresse alors, à mesure qu'on avance en modernité, où nous avons appris à estimer cette dernière que la théorie définit justement par l'improbabilité, la plus grande rareté.

Mais il y a l'information courante et la rare. Tout se joue alors sur ce que j'appellerai le risque de rareté. A don rare, contre-don introuvable ; on rencontre peu de mécènes, certes, mais moins encore de créateurs.

La recherche du plus grand retentissement fait donc échouer, à coup sûr, toute entreprise de mécénat : ce qui fait le plus de bruit suit toujours l'air du temps et ne saurait le précéder ; or ce qui annonce un nouveau temps arrive toujours comme un souffle subtil de vent, doucement, sans grand tapage.

D'où ce résultat dangereux : l'intérêt proprement culturel, puissamment créatif, est souvent — pas toujours — inversement proportionnel aux passions du moment et quelquefois — pas toujours — correspond à ce qui ne présente aucun intérêt. L'analyse vaut tout autant pour l'œuvre d'art que pour la recherche scientifique : il arriva qu'on refuse tout crédit à tel physicien apparemment lancé dans des questions sans intérêt qui, dix ans après, reçut le prix Nobel pour telle invention inégalable, dans ce domaine-là, justement. Il n'existe aucune garantie ni assurance pour la créativité ; mais, inversement, lorsque celle-ci réussit, elle rembourse mille fois garantie et assurance pour un terme très long au donateur, éventuellement mort.

Donc le contre-don se ramène à un pari presque toujours perdu mais qui rapporte infiniment, plus que tout autre, lorsqu'on vient à le gagner. Ce gain peut se définir très rigoureusement comme celui d'une assurance-survie, car il s'agit d'une autre vie, de la vie transfigurée que j'ai tendance à considérer comme la seule vivable, car il s'agit d'immortalité ; je reviens par elle à la continuité de l'histoire. Virgile a rendu Mécène immortel, et l'entraînera dans son sillage autant que l'humanité survivra, pendant que dix mille mécènes sauvèrent cent mille mauvais rimailleurs de la famine qu'ils méritaient surabondamment.

Mais qu'importe la célébrité! Seul compte le tissu de l'histoire qu'elle montre et constitue. Voilà pourquoi j'ai appelé générique le couple où il entra.

Le long de la continuité ainsi tissée, venons-en à notre temps. Des chaînes déterministes fournissent désormais à la société dite de consommation des produits dont la valeur souvent s'effondre dans un intervalle foudroyant : les neuf dixièmes, en volume et en poids, de ce que nous venons d'acheter au super-marché vont directement à la poubelle et y retrouvent le journal et la quasi-totalité de ce que nous avons reçu par la poste ce jour. Consommation ou consomption dénotent cette dérive vive de la valeur. Ainsi, plus un pays, aujourd'hui, prospère et se développe, plus il nous dirige vite de la pacotille aux ordures. D'un objet qui circule, demandez-vous à quel prix vous le braderez demain ou dans cinq ans. Nous perdons la rareté. Donc le long terme par les mêmes actes et en même temps.

L'Empire romain dura deux mille ans, le Moyen Age de la Chrétienté un millénaire, le dominium britannique sur le monde moins de cent ans, le règne américain commence à la dernière guerre et entame son déclin depuis une décennie, combien de temps gouverneront les cinq dragons d'Asie? Nous devons penser le mécénat au milieu des conditions réelles que l'histoire et l'économie font à la valeur. Celle-ci s'érode proportionnellement à la vitesse des circulations : l'une et l'autre croissent verticalement. D'où ces rendements décroissants.

Je propose qu'on garde l'appellation de mécénat aux aides culturelles pures, aux dons accordés à ceux que la société actuelle, ni moins ni plus que les précédentes, prive toujours de tout bien, jusqu'à en mourir, et de nommer parrainage ou, pis, sponsoring, les dons qui reviennent, par l'échange rapide, en publicité, en noms propres sur les banderoles, pour le sport ou la science, activités nobles mais presque aussi riches que les donateurs, puisque, par l'innovation, la recherche précède et pilote l'économie même. Le contre-don dépasse même en temps réel le don quand le voilier gagne la course ou que la découverte relance la production essoufflée. Dans ce moment de dérive vive vers la pacotille, la publicité, contre-don informationnel, vaut souvent plus d'argent que le méchant produit qu'elle vante insolemment.

Un don à contre-don minimal, voilà le mécénat. Seul ce minimum remonte le courant puissant qui perd la rareté. Les mots français gré, grâce ou gratuité expriment cette flèche simple de l'échange sans attente ou exigence de retour. La logique du gré diffère de celle de l'échange. Déterministe, celle-ci suit la circulation rapide et la baisse foudroyante que je viens d'évoquer. Celle-là espère et joue la rareté. L'échange calcule et cherche à gagner, le don gratuit joue à qui gagne perd et à qui perd gagne.

La règle du mécénat ressemble fort à celle que je suis dans mon travail journalier, celle que respectent toutes les recherches, celle qui amène à toutes les trouvailles ; la voici : qui veut sauver son âme accepte de la perdre, et si tu ne veux que la sauver, assurément tu la perdras. Martingale inverse de la prudence tendue vers la puissance et la gloire. L'une se bat dans l'échange et l'autre se lance dans le don et ses purs aléas. De ces deux espaces de jeu différents, soudain les deux temps vont naître et bifurquer.

Le mécène tombe sur l'abbé Delille, mauvais rimailleur, ou sur Virgile, immortel, sur un peintre du dimanche ou sur Braque ou Raphaël. Le nombre des génies mourant désespérés comparé à celui des impuissants distingués montre que le choix, difficile, s'apparente à une loterie, d'où se tire cette rareté que nous avons perdue. La recherche aléatoire d'une telle improbabilité, à information maximale, me paraît le rôle actuel et le travail positif du mécène, qui restitue alors à notre monde, en proie au banal, l'improbable oublié.

Alors, stochastiquement, le don peut se renverser : le payeur solde en monnaie de singe, en valeur à usure rapide, une œuvre qui dure transhistoriquement. Et le mécène garde son nom uniquement par l'artiste. Par hasard ou loterie, le contre-don l'emporte sur le don, infiniment.

Ce renversement de l'échange et du gré inverse le temps lui-même qui, au lieu d'user, d'éroder la valeur, la fait croître verticalement. Question : quelle nous paraît aujourd'hui, en ce temps sans culture et à création quasi nulle, la seule valeur qui résiste à toute inflation et qui au contraire monte ? Sur quel objet investir ? Réponse unanime des experts : sur l'authentique œuvre d'art. Ce que je voulais démontrer.

Mais pour l'authenticité en temps vrai, ici et maintenant, vous ne trouverez aucune expertise. Travaillez donc et prenez des risques : loterie pour audacieux à qui, dit-on, la vraie fortune, parfois, sourit.

J'imagine que Virgile, un beau matin, récita devant

Mécène la page de son poème où Enée descend aux Enfers. Quand le silence remplaça la musique du distique, le ministre demanda s'il fallait que le héros mourût pour entrer dans l'autre monde.

— Et, dès lors, ajouta-t-il, comment s'en délivra-t-il ? Penses-tu qu'il ressuscita ?

— Je ne sais pas, répondit Virgile, s'il mourut ou ne mourut pas de ce coup, mais, assurément, ce risque terrible en cette visite infernale conditionne l'existence et la beauté des œuvres. Pas de création réelle sans un tel voyage dans la sape noire.

— Explique-toi donc ! s'écria Mécène, angoissé.

— Celui qui se tire de l'ombre, comment, je ne sais pas, reprit l'auteur de *l'Enéide*, nomme-le Enée, comme je le fis, ou bien Homère peut-être, qu'ici je rappelle et dont *l'Odyssée* fit descendre Ulysse vers les mêmes lieux.

« Nous évoquons leur ombre par la magie du rythme : Enée enfin s'extrait de l'abîme, Homère en sort, Ulysse aussi et Orphée encore, et avant eux leur ancêtre millénaire, l'archaïque Gilgamesh qui le tout premier, dans le croissant fertile, à notre mémoire au moins, partit d'un pied léger en quête d'immortalité. De la boîte noire où ils décidèrent de sombrer un jour, ils se délivrent, l'un après l'autre, enfin mithridatisés contre l'oubli, renaissants, ressuscités, seuls vraiment immortels en raison de leur supplice. Voilà comment, par la recréation héroïque, la culture devient la seconde nature, la vraie, celle qui comprend ce qu'il en est de naître, c'est-à-dire sortir vraiment du néant.

« Seule l'œuvre belle nous ramène à la jeunesse et la beauté seule appelle l'humanité à son présent vivant toujours recréé.

— Mais, questionna le ministre, que veut dire cette

scène ou cette série multiple, que signifie cette suite,
parallèle à l'histoire de nos savoirs, longue théorie de
noms illustres déployée avant Enée dans les siècles
des siècles, Gilgamesh, Orphée, Ulysse, sans oublier
Hercule et Thésée, demi-dieux qui, non dans l'histoire
mais pour la légende, s'aventurèrent aussi dans ces
innommables souterrains ?

— Que si le genre humain ne craint pas la mort
dans son ensemble et son histoire, dit Virgile avec
passion, il le doit aux héros rares qui l'ont bravée de
près pour en revenir et souder entre elles les générations ; on peut les appeler nos passeurs : un peu
comme chacun de nous fait la passe du sexe pour que
ses enfants s'éveillent après sa disparition. De même
que l'amour tisse notre lien local et individuel, corps à
corps et dans la génétique, **l'art accomplit** cette transmission sur la plus longue durée, par l'acceptation
d'une mort personnelle qui fonde l'histoire comme
celle de la nôtre propre conditionne la naissance de
nos descendants.

« Nous nous sentons vivants et ensemble, dans le
temps, par l'œuvre belle et en elle, celle qui intègre
tout le savoir, d'une part et qui, de l'autre, ne craint
pas le face à face avec le mal, douleur, injustice et
mort.

Mécène, debout, enthousiasmé de cette vue longue,
s'enquit alors :

— Mais après nous ? Après toi qui sors du néant
cette page mémorable ?

— J'imagine, reprit Virgile, et j'espère ou prophé-
tise que la passe ne s'arrête pas ; qui sait si l'avenir
verra l'avènement d'une religion — cet enthousiasme
diligent qui résiste à la négligence — fondée en partie
sur cette idée que nul ne crée jamais s'il ne se met dans

le plus grave danger ; elle s'incarnerait en un homme qu'on pourrait dire divin et qui renaîtrait après avoir accepté de mourir de la main des plus puissants d'entre ses contemporains.

« Après lui, les œuvres de musique, de peinture, les poèmes, les statues célébreront pendant des millénaires sa résurrection, qui commencera l'histoire de leur ère, celle de la bonne nouvelle qui consiste à placer notre mort, non plus devant nous, comme subie, mais enfin, derrière, vraiment oubliée. Car il sortira, lui aussi, des Enfers.

« Je voudrais qu'un génie à naître en Italie, non loin d'ici, me fasse, plus tard, descendre moi-même avec lui dans ces lieux abominables en compagnie d'une femme si heureuse du voyage qu'on l'appellera Béatrice. Je l'aiderais à entrer, une fois de plus, follement, puis à sortir, promoteur d'une œuvre belle. Non, ajouta-t-il rêveusement, je ne puis concevoir que cette suite héroïque s'arrête.

« Notre histoire fondamentale suit de celle des prédécesseurs qui montrent la voie la plus difficile et l'exigence radicale. L'art sort de la tombe. Si le grain ne meurt, il ne porte pas de beaux fruits.

« Je ne te dis rien de plus qu'une loi de la vie : mais les lois de la plus longue ne s'énoncent pas de même que celles de la plus brève, celle de nos corps finis. Sans doute existe-t-il dans la chair vivante un programme de celle-ci, j'écris dans mon langage, avec ces quelques autres, la charte de l'histoire.

Et Virgile enfin se tut.

Qui lui succède ? Dans nos musées, des foules commémorent la résurrection de Van Gogh ou Gauguin, morts de misère et de faim, sans aide aucune, et célèbrent ces vivants formidablement présents avec plus de presse et de ferveur que les grands qui coururent la gloire, riches, puissants, conquérants, ou décapités parmi les roulements que font entendre les tambours de la puissance, pauvres d'œuvre et de postérité. Sans le formuler, elle sait, elle sent qu'elle descend, certes, de conventionnels ou de maréchaux, mais plus encore d'un indigent égaré dans les archipels du Pacifique, comme Jean Valjean se perdit dans les égouts de Paris, en quête de la même beauté que celle que suscitèrent ces noms et ces corps qui soutinrent le temps.

Et nous ignorons le nom du misérable qui, en ce moment même, donne sa vie à l'œuvre que nos petits-enfants consommeront pour survivre : car si l'appétit de pain parfois se calme, cette faim, je l'espère, jamais ne s'apaisera. Qu'est-ce que la culture enfin ? La résurrection irrégulière et régulière de ceux qui ont bravé la mort pour créer, qui reviennent pour coudre la tradition d'hier à la vivacité d'aujourd'hui. Sans eux pas de continuité, pas d'immortalité de l'espèce humaine, sans leur renaissance pas d'histoire.

Qui, dès lors, appeler mécène ? A la jonction où la longue durée rejoint la vie brève, aux lieux rares où l'histoire se projette sur l'instant, celui-ci pousse la pierre tombale pour qu'un fantôme renaisse ou revienne, celui qui nous visite aujourd'hui, comme Ulysse et Gilgamesh visitèrent Mécène par la voix de Virgile, comme celui-ci visita Dante et lui donna le rameau d'or, comme l'ombre de Béatrice flotta sur nous un moment, fantôme évanescent, méconnaissable, prêt à s'effacer dans les souffles de l'air léger, mais qui seul a qualité, vigueur générative et capacité de nous réunir, dans la transmission humaine globale et pour l'ensemencement inespéré de créations fortes, en ces jours sombres.

Le voici, incandescent ; réengendré par la science et par la mort des hommes, le voici, esprit, langue de feu, semence de soleils.

ÉDUQUER

Loi du roi : rien de nouveau sous le soleil
Du nouveau sous le soleil, ailleurs
Du nouveau sous le soleil, ici
Moi. Nuit
Toi. Jour
La troisième personne : feu

Loi du roi : rien de nouveau sous le soleil

La température n'est qu'une variable du climat d'un lieu. Mille autres éléments y changent ensemble, liés entre eux : le relief et l'altitude, l'humidité, l'épaisseur du manteau de terre arable sur la roche, la richesse et la densité de la flore ou de la faune... Des équilibres locaux, stables ou labiles, somment ces facteurs. Supposons que l'une des variables, la température, décroisse ou croisse fortement, exaspérée pour quelque raison.

Le froid survient et gagne ; s'il devient terrifiant, on dira qu'il règne. Gagne et règne. Il ne transforme pas modérément l'équilibre fragile obtenu par la fusion moirée des nombreux facteurs, mais tue ou recouvre leur diversité. L'hiver gagne la bataille : roi désormais, il commande seul aux vents, arrête les eaux, arase le relief, couvre la terre et les mers, expulse ou raréfie la flore et la faune, impose certaines espèces, blanchit totalement l'espace et le volume : une seule loi vitrifie l'étendue, rien ne sera plus jamais nouveau sous cette lumière lointaine et glacée, le long de ces plaines pâles. La monotonie ne se répète pas devant un œil indifférent, source de lumière sans flamme devant laquelle l'inédit a disparu. Quand l'uniformité apparaît, un soleil tout-puissant, absent ou présent, l'a produite, en fait.

Froid. Rien de nouveau sans le soleil.

Que s'inverse la tendance : gagne, règne la chaleur, désertifie l'espace, chasse ou affame bêtes et plantes, couvre la terre de sable et fait s'évaporer les eaux de la mer, arase les collines et comble les vallées, dicte sa loi unique aux vents. La flamme détruit de sa brûlure le volume ; dans l'étendue commande son ordre.

Règne la loi du froid aux pays du Nord, celle de la flamme gouverne le Sud, rien de nouveau par le soleil ou sans lui. La sagesse de Salomon le place si loin qu'il observe, détaché, la dissolution que l'insolation, cependant, a produite. A-t-elle lieu sous son regard ? Certes, mais elle se fait surtout par son action. Qu'il se retire, la banquise blanche s'avance, qu'il éclate et le désert ocre s'étend dans l'espace. Inversement, quand le nouveau manque, cherchez, si vous n'êtes pas mort, le soleil qui le fait s'absenter.

Rien de nouveau par le soleil.

A preuve les pays tempérés, où la température s'adoucit, parce que l'aube penche et que le crépuscule s'allonge, sous la pudeur du matin. Ressurgissent en foule les autres facteurs : il fait tiède et frais, sec et humide, calme et venteux, lumineux, clair-obscur, apparaissent des sapins, des palmiers, de la faune en nombre : tout se fait voir à la fois. Le climat n'atteint pas le comble, l'espace ne se lie point à une seule excessive contrainte. Ce mélange variable pourrait se nommer le temps, mot qui signifie le mélange ou tempérament et d'où l'on qualifie les pays dits tempérés, qui, pour cette raison, je le devine, ont, en retour, inventé l'histoire, je veux dire une suite temporelle — tempérée, comme une gamme — d'événements.

La nouveauté survient si le soleil se retient.

Si les eaux se retiennent. Avec la crue le déluge commence et commande, jusqu'à ce que tout s'abîme sous l'uni du deuil des eaux. Encore une seule loi : la transgression marine, régnante, engloutit tout détail sous le niveau plat de l'eau soyeuse.

Si une espèce ou une variété vivante se retient. Imaginez la Terre couverte de milliards de lézards à peu près identiques ou une plage interminable sous des crabes gris mouvants sans aucune lacune, tous en proie à la croissance verticale de la reproduction. Ou, encore, l'espace envahi par un réseau inextricable de lianes entrelacées, d'une famille unique, ou de rats de telle odeur ou de fourmis de telles mœurs politiques. Et ces rats, ces lézards, que mangeront-ils quand ils auront gagné la fameuse guerre pour la vie, de sorte qu'ils ne vivront plus qu'en un environnement exclusif de rats ou de lézards ? Des lézards ?

Si les hommes se retiennent. Nous aménageons le monde pour nous seuls, animaux désormais exclusivement politiques, inexorables gagnants de la lutte pour la survie, enfermés à jamais dans la ville bâtie sans limite, coextensive à la planète : qui peut sortir déjà de la cité nommée Japon ou de la serre appelée Hollande ? Catastrophe : quand les serres couvriront la terre. Au milieu des pierres et du verre, les hommes n'auront plus que du verre et des pierres sous eux, pour bâtir, et, en face d'eux, pour vivre, dans un monde enfin vitrifié, soumis à leur seule loi. Vivant de relations, ne mangeant, ne buvant plus que de leurs propres liens, voués enfin à la politique et à elle seule, enfin seuls, lianes longues en réseaux noués de communication, grandes colonies de fourmis agitées, lézards par milliards. L'espèce homme gagne, va régner, ne se méfie pas d'elle-même, ne se retient pas, ne réserve ni sa puissance, ni sa science ni sa politique. L'hominité doit apprendre cette retenue, pudeur et vergogne ; et sa langue la litote ; et sa science la réserve. Persévérer sans cesse dans son être ou dans sa puissance caractérise la physique de l'inerte et l'instinct des bêtes.

Sans doute l'humanité commence-t-elle avec la retenue.

Si Dieu se retient. Dieu est le seul être à qui une aventure telle est arrivée, déjà. Le monothéisme avait détruit les dieux locaux, nous n'entendons plus les déesses rire parmi des sources, ni ne voyons les génies paraître dans les frondaisons ; Dieu a vidé le monde, le grand Pan, dit-on, est mort. Quand le soleil a paru du côté du Moyen-Orient, les étoiles ont pâli, au brasier de l'unité le nombre de la bigarrure a fondu. Rien ne peut désormais prétendre à la nouveauté sous la torche de l'omnitude : puits total des pensées vraies, toute-puissance conditionnelle et créatrice, préformation de tout possible, fermeture sous la loi, Dieu ne se retient pas.

Erreur. Dieu se retient de toute éternité. Limité — se peut-il ? — par le pouvoir du mal, dual donc et trinitaire, environné de multiples messagers, séraphins et archanges, puissances et dominations, surchargé jour après jour de la petite gloire des hommes parvenus à la béatitude ou à la sainteté, encombré de martyrs, de vierges et de Vierge, Dieu se réserve ou, de soi, retient son pouvoir. L'histoire sainte de Dieu raconte autre chose que sa solitude et montre, au contraire, sa retenue, sa suspension, nos libertés. De là sa bonhomie, sa tolérance, sa douceur... et si Dieu n'adhérait pas au strict monothéisme? Que diable, Il a créé le monde et, du coup, beaucoup de monde prétend au commandement!

Peut-être Satan montre-t-il la clémence de Dieu. Peut-être le mal existant démontre-t-il sa bonté. Peut-être l'existence des mauvais démons, comme celle des anges et des chérubins, comme celle des saints, de la sainte famille, bons esprits et mauvais sur la même ligne enfin et pour une fois dans la même fonction, peut-être l'existence de tous les empêchements que Dieu tolère ou que nous imposons à son ubiquité, y compris sa propre incarnation, nous chantent-elles sa bienveillance et sa miséricorde, toutes les latitudes qu'il donne. Nous avons à remercier Dieu de s'être beaucoup retenu en deçà du monothéisme. Nous survivons peut-être de cette réserve. Peut-être Dieu n'a-t-il créé le monde que dans le champ de son abstention? Que pèserions-nous s'il ne se retenait pas?

Emu par la tradition, j'ai longtemps cru que le monothéisme avait tué les dieux locaux, et je pleurais la perte des hamadryades, païen comme tous les paysans mes pères. La solitude où se trouvaient les arbres, les fleuves, les mers et les océans me déchirait, je rêvais de repeupler l'espace vide, j'aurais prié volontiers les dieux détruits. Je haïssais le monothéisme de cet holocauste de déités, il me paraissait la violence intégrale, sans pardon ni exception. Incapable de penser nouvellement, pour être lié à la bataille millénaire des dieux, à cette gigantomachie dont nous faisons notre modèle.

Je vois, au contraire, que Dieu accueille les dieux, qu'il n'abaisse pas son bras sur le diable, puisque Satan, évidemment, prend toujours tous les pouvoirs du monde sans qu'il proteste jamais, j'observe qu'il se laisse chahuter par les anges et concurrencer par la foule douce des saints, qu'il disparaît même un peu dans la cohue des ailes, des auréoles et des robes, qu'on le distingue mal parmi les palmes. Je découvre que Dieu est bon et peut-être même infiniment faible. Il se retient, avec pudeur et vergogne. Naguère, il se laissa même tuer sans réagir notablement. Du même coup, je ris de la vieille gigantomachie des petits dieux locaux, sans arrêt, comme nous, sur le pied de guerre. Je me trouve, déjà, moins païen.

Une loi unique, prétendument générale, résulte de l'expansion forcenée d'un élément local qui perd la retenue, en a-t-il jamais eu, qui oublie la mesure, l'avait-il apprise, en vue de faire disparaître le reste.

L'aube efface les étoiles, rien au ciel ne sera nouveau après elle. Or le soleil n'est qu'une naine jaune dont l'aurore cache les géantes bleues. Et pourtant les surpergéantes continuent de tourner, les galaxies aussi. Tellement plus gigantesques, brûlantes et colorées. La naine a perdu la mesure et laissé la retenue. Et pourtant, les autres tournent. L'expansion de la loi unique d'une étoile très petite se nomme l'aurore.

Les gaz occupent d'eux-mêmes le volume qui s'offre devant leur pression expansive. Nul n'a jamais vu un gaz faire preuve de retenue pour laisser une partie d'espace vide. La barbarie suit la loi unique. La loi d'expansion. Celle des gaz. Ils se propagent. Le barbare se répand. La violence répand le sang, qui se répand. La pestilence, l'épidémie, les microbes se propagent. Le bruit, le fracas, les rumeurs se répandent. Ainsi la force, le pouvoir, ainsi les rois. Ainsi l'ambition. Ainsi la publicité. Il faut dire la rubrique de toutes choses qui se répandent, tout aussi amplement qu'un gaz, de toutes les choses qui s'expansent, qui prennent l'espace, qui occupent le volume. Le mal court, voilà sa définition : il excède ses limites.

Et si le sage solaire se réduisait à un nain jaune ? De ces petits qui s'étalent avec bruit pour cacher des supergéants bleus et silencieux ?

Qui, à l'inverse, chantera la pudeur de la culture, la vergogne de la vérité, la litote de la belle langue, de la sagesse la retenue ? Passe et manque l'excellente qualité : pas de beau décolleté sans défauts de l'épaule. Manques et défauts exigés par la vérité, la beauté, la bonté, certes, mais encore par la vie.

Nous la devons à la retenue de Dieu, créés que nous fûmes dans les marges de Sa réserve. Nous la devons aussi à l'ensemble des manques laissés par les autres vivants, la terre, l'atmosphère, les eaux et les flammes qui doivent, en retour, l'existence aux réserves marginales que nous leur laissons.

La mort fait toujours la loi, donc la naissance cache son étable dans les marges du non-droit. Nature est de retenue.

Rien ne naît, nouveau, si quelque soleil exaspéré l'empêche.

L'œuvre naît dans un creux retenu.

La morale demande d'abord cette abstention. Première obligation : la réserve. Première maxime :

avant de faire le bien, éviter le mal. S'abstenir de tout mal, simplement se retenir. Parce qu'en s'expansant, lui aussi, comme le soleil, le bien devient très vite le mal. Cette première obligation conditionne la vie, crée une aise pour une aire d'émergence d'où viendra la nouveauté.

Le nouveau peut naître sous ce clair-obscur.

L'homme gentil se retient. Il réserve quelque force à retenir sa force, refuse en lui et autour de lui la puissance brute qui se propage. Le sage désobéit donc à la loi unique d'expansion, ne persévère pas toujours dans son être et pense qu'ériger sa propre conduite en loi universelle définit autant le mal que la folie.

Ainsi la raison cherche à ne pas subir d'empire, en particulier celui de sa propre expansion. Elle réserve quelque raison à retenir sa raison. L'homme gentil et raisonnable peut donc désobéir à la raison, pour que des marges naissent autour de lui, en vue de la nouveauté. Il invente la bonne nouvelle. Trouveur.

Si le soleil, si les eaux se retiennent, si les espèces vivantes réservent leur puissance, si nous freinons l'expansion de nos raisons. Dieu s'est abstenu. Sinon, il eût été seul. Comme on le distingue malaisément dans la foule dense des saints et des anges, qui L'a trouvé Le cherche encore, fragmenté encore dans la Trinité. Il se cache et se laisse envahir. Son absence dans l'espace et dans l'histoire signifie sa retenue.

La bonne nouvelle naît à minuit : sans soleil.

Nous devrions nous dissimuler un peu sous les arbres et les roseaux, ouvrir nos politiques aux droits du monde. Nous devrions nous retenir, chacun, surtout nous abstenir ensemble, investir une part de la puissance à l'adoucissement de notre puissance.

Humain qui n'abaisse pas toujours son bras, sur les faibles, par rigueur, ou vers les forts, par ressentiment, même sur les démontrablement mauvais. L'humanité devient humaine quand elle invente la faiblesse — laquelle est fortement positive.

Persévérer sans cesse dans son être, aller même au-delà de sa persévérance complètement développée, dépasser en conservant, voici la conduite de folie. La paranoïa pourrait se définir par l'expansion d'un trait local exaspéré vitrifiant l'espace mental pour ne laisser aucune chance à la croissance d'une autre variable. Présent, un psychotique éradique toute autre présence, comme en lui la psychose a tout raboté. Royal, impérial, solaire, il persévère dans son être, s'expanse, convertit son entourage. La propagation de la pathologie dépasse tout ce qu'elle trouve devant elle et l'absorbe en se conservant. Rien de nouveau sous cette folie.

Nous supportons mal cette psychose-là quand un individu l'impose, mais donnons parfois nos vies pour elle quand elle devient collective. Nos conduites sociales traduisent souvent des maladies en modèles géants ou additionnent nombre d'atomes ou d'éléments qui, pris séparément, se réduisent au morbide. La folie, la grande, ressemble toujours, peu ou prou, à la conduite de celui qui veut devenir roi et se met à s'identifier au soleil. Le peuple ne s'y trompe pas pour qui le fou se prend pour Napoléon. Or il n'est jamais dit que se trompe celui qui se croit. Il a bien fallu qu'un jour quelque géomètre corse le croie jusqu'au bout. Le collectif s'assemble et se reconnaît autour du potentat qui cherche à ce qu'on le prenne pour le vrai.

S'il réussit, le voici couronné empereur ; s'il échoue, on le désigne comme fou. La paroi est assez mince qui sépare les deux échéances décisives. Voilà, en tous cas, une variable singulière qui tente de se répandre au-delà de sa petite niche, qui persévère dans son être ou se dépasse en se conservant. Pour définir la folie, ne craignez pas d'user des mots méthodiques de la philosophie.

La folie se développe selon la même loi d'expansion que ce que nous souhaitons sous le nom de raison. Celle-ci veut envahir la place tout comme n'importe quelle autre variable, ou quelle autre déraison. Raisonnable signifie la retenue en deçà de la capacité de sa propre raison, de sorte que l'on appelle ainsi celui qui n'a pas toujours ni partout raison et qui n'en tire pas d'avantage sur ceux qui n'ont jamais raison ni sur ceux qui, à la rigueur, peuvent avoir raison, quelquefois. Infime et voisine de zéro la probabilité d'avoir toujours raison et sur tout et sur tous.

La pensée commence quand le désir de savoir s'épure de toute compulsion à la domination. Elevons nos enfants dans la vergogne de raison, pour qu'ils en éprouvent la pudeur. Entendons par raison la proportion : elle mesure la quantité ou le volume d'un élément mêlé dans une solution. Combien d'eau dans ce vin pur ? Nom que l'on donne aussi au coefficient de propagation dans une suite ou série, la raison se vêt de proportion. L'une ne va pas sans l'autre ; or pas de raison ni de proportion sans mélange ; la raison raisonnable rira donc de la raison pure, comme d'un oxymoron, tant elle se plonge dans les corps mêlés, tant elle nous apprend que tout n'est pas, et de fort loin, toujours et partout comme ce qu'elle compte. Comment pouvons-nous avoir d'elle une idée expansive et unie qui en fait une folie, tout le contraire donc d'une proportion?

Si la raison se retient. Elle naît, sous l'appellation grecque de *logos,* rapport ou proportion, lorsque Thalès découvre, au pied des pyramides, que les grandes valent la petite suivant un même rapport. Chéops et Khéphren, pharaons formidables, pour la première fois, se retiennent devant Mykérinos qui lui-même se réserve face au corps du géomètre, debout, libre et fier, dont la taille médiocre projette, sous le soleil, une ombre semblable aux trois ombres énormes selon la même raison. Thalès invente la science dans la ténèbre, hors des folies solaires des rois.

Voici du nouveau à l'ombre du soleil.

Alors la nouveauté se lève à chaque minute de jour ou de nuit : cette fécondité ininterrompue du temps, inattendue dans le désert sec et brûlant, nous la nommons histoire des sciences, qui équivaut à celle des rétentions de la raison.

Si la science rationnelle se retient. Nous organisons méticuleusement un monde où seul le savoir canonisé régnera, espace qui risque de ressembler de près à la terre couverte de rats. Unifiée, folle, tragique, la science gagne, va bientôt régner, comme règne et gagne l'hiver. Excellent, le savoir, certes, mais comme le froid : quand il reste frais. Juste et utile, la science, assurément, mais comme la chaleur : si elle demeure douce. Qui nie l'utilité de la flamme et de la glace ? La science est bonne, qui le nie, et même, j'en suis sûr, mille fois meilleure que mille autres choses pourtant bonnes, mais si elle prétend qu'elle est seule et toute bonne, et qu'elle se conduise comme s'il en était ainsi, alors elle entre dans une dynamique de folie. La science deviendra sage quand elle se retiendra elle-même de faire tout ce qu'elle peut faire.

Aussi judicieuse que se présente une idée, elle devient atroce si elle règne sans partage. Il serait dangereux que les sciences dures se fassent passer pour la seule façon de penser. Ou de vivre. On pourrait concevoir que les sciences devinssent sages. Il leur suffirait d'apprendre la litote, la réserve, la retenue ; le contenu d'une idée importe un peu moins que sa conduite, la valeur de la science s'estime à ses performances tout autant qu'à sa vérité : qu'un jugement tempère l'autre. Oui, qu'importe la rigueur d'un théorème ou sa profondeur s'il finit par tuer des hommes, ou faire peser sur eux un pouvoir excessif ?

La sagesse donne l'aune de mesure. La crainte de la solution unitaire fait le commencement de la sagesse. Aucune solution ne constitue la seule solution : ni telle religion, ni telle politique, ni telle science. Le seul espoir reste que cette dernière puisse apprendre une sagesse tolérante que les autres instances n'ont jamais su vraiment apprendre et nous évite un monde uni, follement logique, rationnellement tragique.

La vérité, de droit, ne doit pas prendre le droit de se répandre dans l'espace. La sagesse ajoute la retenue au vrai, aux critères du vrai la réserve. Désormais, je ne jugerai plus vrai ce qui ne peut ni ne sait retenir sa conquête.

Folie de la vérité solaire.

Si la science et si la raison se retiennent, si la philosophie se retient. J'aime la philosophie parce qu'elle porte en elle ce mot d'amour que j'aime, cette sagesse que j'ai tardé à découvrir, je ne connais rien de meilleur qu'elle, de plus large, plus chaud, plus profond ni plus extensif, lumineux, rien qui rende plus intelligent, rien qui comprenne mieux les choses du monde, les moyens de l'histoire, du langage et du travail, qui permette de mieux vivre et d'accéder à la beauté rare, je lui ai donné ma vie, mon corps, mon temps, mes plaisirs, mes nuits et mes aventures, mes amours même, elle les a pris et me les a rendus magnifiés mais, aussi sûrement que je l'aime, je sais qu'il ne faut pas la promouvoir ni lui donner de pouvoir, mais, bien au contraire, l'empêcher d'en prendre. Trop dangereuse. Amant de la philosophie, je ne deviendrai jamais son zélateur. Je ne fais rien pour répandre sa puissance.

La philosophie doit engendrer des hommes d'œuvre, je la souhaite stérile d'hommes d'institution et de pouvoir. Stérile, l'institution persévère dans son être, avance, aveugle et têtue. L'œuvre, timide, faible, fragile, perdue, attend qu'on la prenne, brille doucement comme un caillou dans un creux, ne se répand pas de soi, par bonheur. Par soi, l'œuvre se retient. Il y a du nouveau dans son clair-obscur.

Que la philosophie, oublieuse de l'œuvre, se saisisse quelque part la puissance, elle règne aussitôt sur des cimetières. L'histoire ne montre pas de contre-exemple. Trop dangereux, les philosophes. Plus terribles que les politiques, les prêtres et les savants, ils multiplient l'un par l'autre les risques des autres. Ne donnons pas le pouvoir aux idées parce qu'elles multiplient la portée de la puissance. Trop dangereuses, les théories. Comme elles s'expansent dans l'espace, des millions d'hommes bientôt défileront au pas cadencé à des milliers de kilomètres de leur lieu d'émission devant les portraits géants de ceux qui les ont promues. Propagation unique et solution finale. On croit toujours qu'une idée n'est dangereuse que parce qu'elle est fausse. Qu'elle exprime la vérité, à la bonne heure ; évitons-lui la publicité.

La sagesse propre à la philosophie vient de sa retenue. Si celle-ci construit un monde universalisant, l'art le borde d'une marge de beauté réservée. Philosophes, faites votre œuvre avec exactitude et souffrez en silence qu'on vous traite de poètes : ceux qui d'ordinaire sont exclus de la cité. C'est mieux ainsi. Construisez une œuvre grande où se trouvent, précisément placées, les choses du monde, fleuves, mers, constellations, les rigueurs de la science formelle, modèles, structures, voisinages, les exactitudes approximatives de l'expérimentation, turbulences ou percolation, les fluctuations de l'histoire, foules, temps, petits écarts, les fables de la langue et les récits du bon peuple, mais construisez-la si belle que sa beauté même la retienne. La retienne en singularité. La définisse. La préserve de l'excès. Par bonheur et par définition, l'inimitable ne trouve pas d'imitateurs et donc ne s'expanse ni ne se propage.

Tout beau, tout nouveau.

Le beau contient le vrai, je veux dire le retient, en borne l'expansion, en referme le sillage quand il passe, en forme les traits. Le vrai exige une limite et la demande à la beauté.

Quand la science et la raison auront atteint à la beauté, nous ne courrons plus de risque. Belle, la philosophie écarte tout danger.

Beau, le vrai oublie d'avancer dans l'espace. Le beau est le vrai en paix avec soi : la vérité retenue.

Si la langue se retient. Rien, je le sais vraiment, d'aussi beau que ma langue, secrètement musicale, nulle ne se cache avec autant de discrétion, précise et claire sans s'étaler, nul mode d'expression ne s'approche plus de la litote, rien d'aussi pur que le goût français, excellent, raffiné, dérobé, aussi absent que Dieu sous la houle des chérubins ou que le lilas derrière la poire et la pomme séchées dans un vieil Yquem, rien n'a d'aussi près approché la beauté, je ne pourrais souffrir cependant qu'on ne parle partout et toujours que ma langue.

Je souffrirais beaucoup, je crois, de parler l'anglais, aujourd'hui, je veux dire de le dire comme langue maternelle. Hélas, elle ne se retient plus. Combien, cependant, elle fut belle !

Quand tous les gens du monde parleront enfin une même langue et communieront dans le même message ou la même norme de raison, nous descendrons, imbéciles débiles, plus bas que les rats, plus sottement que des lézards. Mêmes langue et science maniaques, mêmes répétitions des mêmes noms sous toutes les latitudes, terre couverte de perroquets criards.

Quand les puissants et les riches ne parleront plus que l'anglais, ils découvriront que la langue dominant le monde manque du terme pudeur. Ils auront laissé, avec mépris, les autres dialectes aux pauvres.

Si les plus forts, si les meilleurs se retiennent. Les citoyens libres d'Athènes, de Thèbes, les révolutionnaires parisiens de l'an II, les potentats d'Occident, aujourd'hui alourdis de dollars, ont inventé ou pratiquent, disent-ils, la démocratie, alors qu'elle leur servait ou sert encore de publicité ou de paravent pour cacher qu'ils écrasaient les esclaves et métèques, qu'ils allaient se substituer aux nobles décapités ou qu'ils exploitent à mort le Tiers-Monde.

Quelle est la meilleure forme de gouvernement? demandent constamment les théoriciens. Enoncée ainsi, la question dicte : l'aristocratie. Le gouvernement des meilleurs est la meilleure forme de gouvernement, l'Occident n'a jamais connu qu'elle depuis l'aube de son temps.

Toujours et partout dans notre culture, les aristocrates se considérèrent comme des égaux, frères d'armes soumis à la dure loi des duels, équivalence des fortunes pour une concurrence sauvage, concours impitoyables entre les experts méritants… il faut toujours former ou imiter l'idéal de l'homme, c'est-à-dire le meilleur possible : né, riche ou intelligent. Quand on ne connaît que par exemples et n'agit que par modèles, comment éviter la compétition, c'est-à-dire l'aristocratie et l'inégalité?

S'optimise alors une tendance, choisie : croissent les armes, les richesses ou les mérites, commence la course, pour que la force tienne le terrain, ou la fortune, ou le talent. Pourquoi les meilleures choses se retiendraient-elles?

Or nous découvrons à ce jour cette nouvelle mais ancienne évidence que la Terre ne peut donner à tous ses enfants ce qu'aujourd'hui lui arrachent les riches. Il y a de la rareté.

Alors que nos modèles aristocratiques constants majorent ou optimisent telle ou telle tendance pour qu'elle envahisse l'espace, la vraie démocratie, celle que j'espère, minore ou minimise la même ou ladite force. Jouir d'une puissance et ne pas s'en prévaloir, voilà le commencement de la sagesse. De la civilisation.

Philosophie politique de la retenue : la seule égalité pensable désormais suppose, non point comme manque à la richesse, mais en tant que valeur positive, la pauvreté.

Le Tiers-Monde nous précède.

Partons.

Du nouveau sous le soleil, ailleurs

Pendant la bataille du Pacifique, l'une des plus dures de la dernière guerre mondiale, un bâtiment de servitude, dont je tairai le nom et le pavillon, reçut dans la même heure une telle pluie de torpilles et de projectiles qu'il embarqua autant d'eau que son tonnage. Il ne coula pas cependant : il arrive qu'un navire flotte encore dans ces conditions extrêmes.

Sans machine ni gouvernail, privé de tout contact radio, enveloppé soudain par la brume, saisi par les courants puis par les vents quand le brouillard se leva, désemparé, livré aux météores sans pouvoir agir, il erra seul pendant deux ou trois semaines sur l'étendue déserte de la mer, après avoir perdu son escadre qui, le croyant au fond depuis longtemps, avait cessé toute recherche. Comme les œuvres vives et mortes disparaissaient sous l'eau, l'équipage presque en entier occupait les hauts, mâts et envergures, pour chercher de tous les yeux quelque signe à l'horizon. Les rescapés racontèrent qu'ils croyaient en ces moments avoir quitté le monde des hommes.

Et tout à coup, un beau matin, miracle. Terre ! terre ! Illuminée par le soleil levant apparaît, droit devant, une barrière de corail, enserrant un lagon tranquille aux eaux vertes d'où se dégage une longue côte plate de sable derrière laquelle des falaises hautes s'empanachent de palmiers et de cascades. On eût dit l'île Coco, l'une des plus belles des terres pacifiques et des plus typiques, mais située des milliers de milles plus à l'est.

La houle tranquille poussa le navire, corps et biens, vers la première pointe de pierre où il se fracassa et sombra en deux minutes, comme s'il avait attendu vingt jours, en équilibre, ce moment foudroyant. Mais les radeaux et baleinières, mis à la mer bien avant, portaient au rivage matelots et officiers dans le désordre affamé qu'on devine et l'espérance folle de survivre. Pas un seul noyé.

De tous les points de la côte surgissent alors des pirogues longues garnies de rameurs et de hérauts qui les hèlent à grand renfort de cris et gesticulations, de chants, de tambours. Chaque bateau de sauvetage se trouve investi. Comme les marins ne comprennent rien à ces démonstrations, ils ne savent que décider : se défendre devant une attaque ou embrasser qui les accueille.

Le silence d'un coup se fait : le chef ou roi apparaît, quasi nu, en majesté, fait demander le capitaine. Celui-ci se lève, on confronte les apparats. L'enchantement descend sur la scène. Les naturels retournent leurs embarcations cap pour cap et entraînent vers la terre ceux qui soudain deviennent leurs hôtes.

Rien ne manqua pendant de longs mois au bonheur complet des naufragés. Les rescapés racontèrent qu'ils croyaient en ces moments avoir touché au paradis terrestre. Echanges qui comblent les parties, jeux et ris, festins délicieux autour de ces fours polynésiens creusés dans la terre et d'où les cuisiniers tiraient de somptueuses galettes faites de patates douces ; certains, comme dans les siècles passés, prirent femme, d'autres défrichèrent un coin de jardin pour ensemencer quelques graines sauvées du désastre.

Une fois réglées ces choses de la vie, on se mit à discuter interminablement : des dieux de chacun, en comparant leurs performances, des règles suivies en maintes matières par chacune des deux communautés, de leurs avantages et inconvénients ; d'abord par gestes complaisants puis dans une langue progressivement claire et dominée.

Les naturels nourrissaient une passion étrange pour les mots : ils demandaient la traduction précise de leurs vocables et devenaient intarissables dans l'explication. Les assemblées se multipliaient et n'en finissaient plus dans les plaisanteries et la bonne humeur. Il fallut dire l'amour, la religion, les rites, la police et le travail, avec les plus grands détails. On s'épuisa aux parallèles : les contraintes différaient, mais chacun subissait dans son pays des règles également compliquées, incompréhensibles jusqu'au rire à ses interlocuteurs, mais sans jamais les négliger ni d'un côté ni de l'autre. Bref, sous des différences très spectaculaires, tous ensemble finirent par reconnaître de grandes ressemblances et cela les rapprocha.

Le temps passait, l'horizon demeurait vierge. Pour les naturels, il n'avait jamais cessé de le rester. Les anciens racontaient cependant que leurs anciens racontaient, et ainsi de suite, qu'en des temps reculés des populations pâles avaient déjà touché là, mais jamais depuis. Les navigants du bateau de guerre, quant à eux, ne se souvenaient pas qu'il existât une île sur leurs cartes en ce gisement-là.

Certains l'appelèrent l'île Nulle, mais, comme ils ne se partageaient plus, comme à bord, en bâbordais, pour le service, et tribordais, d'autres se mirent, pour rire, à nommer la Tierce-Île cette terre bénie, comme une embarcation immobile à équipage sans partage. Passait le temps.

Comme on risquait de s'ennuyer, même à se comparer, malgré le bonheur et la satiété, on organisa des tournois de football. D'abord spectateurs de ces jeux ou luttes dont le faste se déroulait sur des terrains tabous, les insulaires, doués, apprirent vite, pieds nus, à conduire un ballon en courant, à défendre et atta-quer, à multiplier les passes et à tirer au but. Leurs gardiens surtout s'adonnaient à des acrobaties très extravagantes. Il s'ensuivit des rencontres croisées qui opposaient tantôt chaque communauté par équipes distinctes et tantôt les îliens à leurs hôtes. Dans les huttes, le soir, on débattait, en buvant de la bière de racine, des stratégies et des entraînements. Le temps se réfugia en ces rencontres. Les rescapés racontèrent qu'ils y perdirent tout souvenir de leur ancienne vie.

Qui cependant revint, un beau soir, sous la forme d'un porte-avions apparu soudain sans que nul l'ait vu sortir de quelque point de l'horizon. On disait même que sa baleinière avait touché terre avant qu'on l'ait remarqué mouillé, affourché, gigantesque, devant la barrière de corail. L'amiral commandant le navire convoqua le capitaine à son bord et décida de rapatrier aussitôt ce beau monde qui ne projetait plus que football sous les tropiques, paradis et vie de rêve. Séparations, pleurs, désespoir de part et d'autre, adieux pathétiques, promesses, cadeaux, chants et mélopées, les marins du porte-avions, au garde-à-vous le long de la coupée, parés à l'appareillage, n'en croyaient ni leurs oreilles ni leurs yeux. On lève l'ancre au son du clairon mélancolique, les falaises et cascades disparaissent dans le cercle de la mer.

Chacun de son côté, sur quelque unité nouvelle, reprit les hostilités, l'Amirauté ayant eu grand soin de disperser le groupe. Certains moururent, d'autres non, selon la chance. Puis la guerre s'acheva, comme on sait, à Hiroshima. Fin du premier acte.

Le second et dernier commence dans une ville occidentale, dont je tairai le nom et la langue. Deux des rescapés s'y retrouvent, par hasard, dans un bar, une église ou un marché, qui sait, sans doute à la sortie d'un stade. Grandes claques dans le dos, on évoque les anciens combats et l'on en vient vite au paradis perdu. L'un, plus enthousiaste, invente d'y revenir. Pourquoi pas, dit l'autre. Chacun cherche les anciens, en retrouve quelques-uns, désormais disséminés un peu partout dans la société, l'espace et la fortune. Bref, les riches paient moins que les pauvres et l'on organise le voyage. Quand il n'existe pas de ligne régulière d'un lieu du monde à l'autre, il faut bien noliser une embarcation...

... dont la petitesse étonne les naturels qui n'ont

jamais vu que le porte-avions énorme en dehors de la coque pleine d'eau dont les restes si vite sombrèrent.

Voici le triomphe du retour : nouveaux festins délicieux autour des mêmes fours, échanges qui comblent toujours les parties, chants et mélopées, coupés d'exclamations : que le roi a pris de l'âge, combien les filles et les fils ont grandi ; mais les femmes restent belles et il faut aller s'incliner sur la tombe des morts qu'on a connus et qui n'ont pas la chance de revoir les revenants. Tout cela fait mais surtout dit, les loisirs reprennent et l'on revient, en foule, au stade, sous la conduite du roi vieillissant. Tout le monde prend place et se lèvent les clameurs.

La rencontre oppose l'équipe de l'Est à celle de l'Ouest, deux villes de l'île. Superbe, dramatique, élégante, elle s'achève sur le résultat de trois buts à un, au bout de quatre-vingt-dix minutes. Les matelots se lèvent alors pour quitter le spectacle et rentrer dormir. C'était le soir. Mais non, mais non, clame la foule, qui les fait rasseoir, ce n'est pas fini.

La partie reprend de plus belle et, sous des torches vives, se prolonge dans la nuit. Le temps passe et les anciens matelots ne comprennent plus : exténués, hors de souffle, les joueurs tombent les uns après les autres, jambes dévorées de crampes. Mais, têtue, la rencontre continue. Chaque équipe marque et, vers les petites heures de l'aube, on en est à huit à sept. Cela devient ennuyeux.

Tout à coup, la population se lève, agite bras et mains, hurle sa joie, tout prend fin : le but de l'égalisation vient d'être tiré à bout portant par un avant qu'on porte en triomphe autour du terrain. Chacun crie : huit à huit, huit à huit, huit à huit ! Ensommeillés, abasourdis, incapables de saisir clairement l'événement, les matelots regagnent en hâte leurs cases pour se coucher.

Quelques heures après, les palabres vont leur train. Stratégie, tournois, résultats, on reprend les conversations d'autrefois. Et peu à peu la vérité se fait jour.

Les naturels jouaient au même jeu que naguère, avec des équipes comprenant le même nombre d'hommes sur des terrains de même forme, mais ils avaient changé une règle, une seule petite règle.

— Une partie s'achève quand une équipe gagne et que l'autre perd, et seulement dans ce cas-là ! disent nos marins. Il faut un vainqueur et un vaincu.

— Non, non, prétendent les insulaires.

— Comment départager alors vos équipes ? demandent les matelots.

— Que signifie ce mot dans votre dialecte ?

— Une différence de buts.

— Nous ne comprenons pas vos idées. Quand vous découpez une galette selon le nombre de ceux qui sont assis autour du four, ne la partagez-vous pas ?...

— Certes.

— ... et chacun en mange une partie, n'est-ce pas ?

— Sûrement.

— Cette galette, avez-vous jamais l'idée de la départager ?

— Cela ne voudrait rien dire, protestent les marins à leur tour, bâbordais résolument ou tribordais de toujours.

— Mais si, comme au football. Quelqu'un la mangera tout entière et les autres ne mangeront rien, si vous la départagez.

Les visages pâles, interloqués, se taisent.

— Pourquoi les équipes se départageraient-elles?

— ...

— Nous ne comprenons pas cela qui n'est ni juste ni humain, puisque l'une l'emporte sur l'autre. Alors nous jouons le temps du jeu que vous nous avez appris. Si à la fin le résultat se trouve nul, la partie s'achève sur le vrai partage.

— ...

— Sinon, les deux équipes, comme vous le dites, sont départagées, chose injuste et barbare. A quoi bon humilier des vaincus si l'on veut passer, comme vous, pour civilisé? Alors, il faut recommencer, long-temps, jusqu'à ce que le partage revienne. Il arrive parfois que la partie dure des semaines. On a même vu des joueurs en mourir.

— En mourir? Vraiment?

— Pourquoi non?

— ...

— Alors la ville de l'Ouest se réjouit et fait la fête autant que la ville de l'Est, ainsi que celles du Nord et du Sud. Les festins, que la partie du partage vient d'interrompre un temps quelquefois long, peuvent reprendre autour des fours d'où l'on tire les galettes.

Dans les vents qui les ramenaient vers leur ville et leur famille, parmi le balancement régulier des hamacs, en équilibre doux dans le berceau de la houle, les matelots songeaient à cette terre singulière, île nulle ou tierce, absente des cartes marines. Ils pala-braient, couchés, les mains sous la nuque :

— Dis, la dernière guerre, nous l'avons gagnée, n'est-ce pas?

— Certes.

— A Hiroshima ?

— ...
— Gagnée, vraiment ?
— Cherchez-vous à connaître les vrais vainqueurs ?
jeta le second, qui passait par la coursive ; je les
connais bien, pour les amener parfois dans mon
bateau... Ethnologues, sociologues, je ne sais leur
titre, mais ils étudient les naturels des îles... et
prennent, en général, les hommes pour sujets
d'études, c'est-à-dire pour objets.

« Ils chantent victoire : qui peut-on concevoir au-
dessus de ceux qui expliquent et comprennent ces
autres qui, sous ce point de vue, ne seront plus jamais
leurs semblables, encore moins leur prochain ?

Du nouveau sous le soleil, ici

Mais lui — scribe, docte, légiste —, voulant montrer sa
justice, dit : « Et qui est mon prochain ? »
Jésus reprit : « Un homme descendait de Jérusalem à
Jéricho, il tomba sur des bandits qui, l'ayant dépouillé et
roué de coups, s'en allèrent, le laissant à moitié mort. Il se
trouva qu'un prêtre descendait par ce chemin ; il vit
l'homme et passa à bonne distance. Un lévite de même
arriva en ce lieu ; il vit l'homme et passa à bonne distance.
Mais un Samaritain qui était en voyage arriva près de
l'homme : il le vit et fut pris de pitié. Il s'approcha, banda
ses plaies en y versant de l'huile et du vin, le chargea sur sa
propre monture, le conduisit à une auberge et prit soin de
lui. Le lendemain, tirant deux pièces d'argent, il les donna à
l'aubergiste et lui dit : "Prends soin de lui, et si tu dépenses
quelque chose de plus, c'est moi qui te le rembourserai
quand je repasserai." Lequel des trois, à ton avis, s'est
montré le prochain de l'homme qui était tombé sur les
bandits ? » Le légiste répondit :
« C'est celui qui a fait preuve de bonté envers lui. »

Evangile selon saint Luc, x, 29-38.

La cloche sonne. La porte de la classe ouvre aux écoliers une cour vide et laide qu'ils envahissent en hurlant aux heures dites de récréation : partage judiciaire de l'espace et de l'emploi du temps offert ou imposé premièrement, sous nos latitudes, aux petits d'hommes mis en groupe pour qu'ils y construisent leurs réflexes. Dedans, la taille haute du maître dictant l'orthographe et le calcul assure l'ordre des rangs et des bancs, le classement ; passé le seuil, dehors, la noise répand les cris et la fureur, batailles, chaos sans espérance, dès que la cloche sonne.

Fils du peuple, gamin des rues et de la campagne, mon enfance ou enfer se passa, dans la cour, sous la terreur des coups de main et des vengeances incessantes des bandes commandées par de jeunes meurtriers, coqs ou ducs, arrogants et pugnaces. Il leur suffisait de l'emporter par trois pouces de taille pour déséquilibrer sans conteste, de la hanche, des épaules ou du talon, quiconque ne les attaquait pas. Sous le préau, entre les troncs d'arbre, le long des cabinets répugnants, dans les nuages de poussière, jungle ou forêt primitive, les plus forts suppliciaient les plus faibles sans cesse, par pur plaisir, et les horions s'abattaient sans retenue toujours sur les mêmes. Mais le plus musclé ou vociférateur ne l'emportait longuement que s'il recrutait autour de lui une garde, plus puissante ensemble que n'importe quel autre duc, même plus batailleur et rogue que le premier coq. D'où la formation, contemporaine, d'une milice adverse aux ordres du nouvel ennemi, ainsi muni de gorilles ou ministres. Les combats commencent entre gangs, dès que la cloche sonne.

Je me souviens très lucidement de mon moindre dégoût pour les jeunes chefs fiers de leurs biceps que pour ces lieutenants, bavant de servile obéissance, cherchant le pouvoir sans en avoir les moyens, exécuteurs de seconde main, petits couteaux d'autant plus implacables envers la troupe humble et anonyme, pacifique mais pliée sous le vent de la force. Ces commis singeaient sans doute leurs parents : nous vivions l'ignoble époque où la France perdait son âme en collaborant avec les nazis. Aucune récréation ne s'achevait sans que la cloche annonçât quelque ignominie.

Les adultes nomment accidents d'école, que couvrent les assurances, de véritables crimes perpétrés sciemment, dans l'apparente turbulence des jeux, par d'irresponsables mineurs judiciaires. La cloche suivante sonnait donc l'heure de la vengeance ou de la revanche, comme on disait dans les journaux pour ce qui concernait la guerre des grands, bataille préparée par le camp adverse au moyen de signes et messages circulant parmi la classe de main en main dans les pupitres, sous le regard paterne et aveugle de l'instituteur. Le hurlement général quand la porte s'ouvre après la sonnerie, dont les adultes croient qu'il exprime le soulagement bien légitime de laisser enfin les cahiers blancs et le tableau noir, signifie simplement la réouverture des hostilités.

Quand j'entends la sonnerie trépidante qui scande les heures dans les institutions dites d'enseignement, je sais qu'elle tremble de terreur.

Rentrés chez nous, le temps civil et familial se rythmait de même : sirènes des bombardements,

alertes diverses, informations annonçant, heure après
heure, après la musique de l'indicatif, l'ouverture de
nouveaux charniers. Entre la révolution espagnole de
1936, la deuxième guerre mondiale et sa fin somma-
trice à Hiroshima, quel enfant aurait perçu la différence entre ces mises à mort géantes et les vendettas
sans pardon opposant les louveteaux, fils de loups et
futurs pères des mêmes, par le retour éternel du même
signal rythmant les heures, loi morne de notre histoire
petite ou grande, cloche du réflexe pour les chiens.

Sonne enfin la cloche. Qui n'aurait pas goûté le
repos silencieux et un certain air de paradis, dans la
salle de classe, quand la porte barrait les tempêtes de
la cour et que le bon maître dictait deux quatrains sur
des vendanges idylliques auxquelles l'auteur n'avait
sûrement pris aucune part, puisque la chamaille ne
cessait ni autour des vignes vaches au pis bleu ni dans
le fouloir où les sexes, cruellement, s'entre-bous-
culaient : ce qu'on appelle dans les poèmes le bonheur
calme du bucolique ? J'ai cru longtemps, au moins
jusqu'à neuf ans, à la paix idéale de l'intellect, aux
pastourelles, à l'utopie des figures et des nombres,
jusqu'au moment, sept fois béni, où j'ai compris soudain que je les aimais parce que le magister me
distinguait comme premier de classe et me couvrait de
son ombre : de ce côté-ci du mur, je me retrouvai
donc sous le même vent d'une autre force, dur et
rogue, coq donc pugnace, chef de gang... Horreur,
ignoble dégoût, devinant déjà des lueurs serviles dans
certains regards et la voûte des dos. Une honte m'a
pris qui n'a jamais cessé, passion secrète qui me
pousse à parler maintenant de nous-mêmes, de nos
manigances spéculatives et de leur malheur essentiel,
cachés dans un autre espace, utopie intellectuelle, et
séparés dans le temps par quelque indicatif sonore.

J'ai passé assez de ma vie sur les bateaux de guerre et dans les amphithéâtres pour témoigner devant la jeunesse, qui le sait déjà, qu'il n'existe pas de différence entre les mœurs purement animales, c'est-à-dire hiérarchiques, de la cour de récréation, les tactiques militaires et les conduites académiques : il règne une même terreur sous le préau, devant les tubes lance-torpilles et sur les campus, cette peur qui peut passer pour la passion fondamentale des travailleurs intellectuels, sous la taille majestueuse du savoir absolu, ce fantôme debout derrière ceux qui écrivent à leur table. Je la sens et la devine, puante, gluante, bestiale, revenant régulièrement comme la sonnerie retentit, ouvrant et fermant les colloques où l'éloquence vocifère pour terrifier les parleurs alentour.

Loin de nous rapprocher de la paix, la science et l'intelligence nous en éloignent plus que le muscle, la gueule ou la taille. La culture continue la guerre par d'autres moyens — par les mêmes, peut-être. On rencontre dans les gangs théoriques les mêmes petits chefs, en effet, les mêmes lieutenants, bavant d'obéissance servile et de semblables légions pacifiques, courbées humblement sous le vent de la force, qu'elles prennent parfois pour la mode, pis, plus souvent pour la vérité. Appeler campus le lieu des universités, quelle chance littérale, puisque ce mot désignait jadis le camp retranché le soir par les soldats de Rome avant l'attaque ou pour la défense. Les experts savent, en effet, à quelle faction, à quel gang appartient tel ou tel campus et quel groupe de pression y tient colloque.

Or les moyens intellectuels, langagiers, théoriques, savants, de mener une guerre ne se comparent pas aux coups du coq et duc de cour : plus fins, retors, globaux et transparents jusqu'à l'irresponsabilité innocente de la spéculation pure. Le plus fort boxeur du monde n'allonge jamais qu'un corps pitoyable, de son swing ou de son uppercut, et me paraît un saint du paradis auprès du physicien théorique dont l'équation peut faire sauter la Terre ou du philosophe asservissant des peuples entiers pendant des générations — ou la secte qui le singe durant sa carrière. Nous avons produit aujourd'hui des philosophies si globales qu'elles éradiquent toute l'histoire et ferment l'avenir, stratégies si puissantes qu'elles atteignent à la même dissuasion que celle de l'arme atomique et qu'elles décident d'un génocide culturel parfaitement efficace.

Voici défini le malheur propre à nos travaux : comme un coefficient, l'intelligence multiplie autant qu'on veut la vengeance et fait semblant de l'annuler en se dissimulant. Aussi vindicativement qu'elle agisse, la violence croît peu et lentement, par les poings et les pieds, mais elle monte jusqu'au ciel et envahit le temps et l'histoire, dès que la raison prend les commandes.

Ainsi les théories politiques de la tradition, comme les sciences actuelles des jeux de stratégie, surévaluent gravement le rôle pacificateur de la connaissance rationnelle : ce contresens fait l'autopublicité de ces disciplines. La raison rôde toujours autour de la proportion et de la dominance. Elle jette donc un pont entre la classe et la cour dite de récréation.

Pourquoi, au contraire, la philosophie tient-elle à se nommer ainsi ? Parce qu'elle ne demande d'aimer ni l'intelligence, le savoir ni la raison, mais Sophie, la sagesse. Quelle sagesse ?

La connaissance pacifiée.

Sans le savoir, le savoir s'adonne à un métier risqué, pour nous savants et pour les autres, danger que nous ne découvrons qu'aux moments de tension ou de crise. Philosophe universitaire français d'après-guerre, j'ai malaisément survécu à dix terreurs diverses entretenues par des théoriciens serfs d'idéologies politiques ou académiques, coqs et ducs à nouveau, princes directeurs de groupes tenant sous leur pression l'espace des campus, les nominations et les notes en bas de page, interdisant à tout prix toute liberté de pensée, terreurs dont je ne rends responsable ni tel individu ni telle secte, puisque cela reviendrait à me venger, mais le fonctionnement même de l'intelligence dans l'institution et de celle-ci dans la première, l'implication réciproque de la science dans la société.

Ainsi, par hygiène de la vie et de l'esprit, j'ai dû imaginer, pour mon usage privé, quelques règles de morale ou de déontologie :

Après examen attentif, n'adopter aucune idée qui contiendrait, à l'évidence, quelque trace de vengeance. La haine, quelquefois, tient lieu de pensée, mais toujours la rapetisse ;

Ne jamais se jeter dans la polémique ;

Eviter toute appartenance : fuir non seulement tout groupe de pression mais aussi toute discipline scientifique définie, campus local et savant dans la bataille globale et sociétaire ou retranchement sectoriel dans le débat scientifique. Ni maître donc, ni surtout disciple.

Ces règles ne tracent pas une méthode, mais très exactement un exode, randonnée capricieuse et paraissant irrégulière mais contrainte seulement par l'obligation d'éviter les lieux spéculatifs tenus par la force, généralement veillés par des chiens de garde. Une promenade à la campagne épouse une pareille trajectoire inattendue et dentelée puisque vous y êtes attaqués, puis poursuivis sans cesse, de ferme en ferme, par dix molosses qui se succèdent et que vous essayez d'éviter.

Nous disposons d'outils, de notions et d'efficacité, en grand nombre ; nous manquons, en revanche, d'une sphère intellectuelle pure de tout rapport de dominance. Beaucoup de vérités, bien peu de bonté. Mille certitudes, moments rares d'invention. Guerre continue, jamais de paix. Seuls les animaux goûtent la hiérarchie et les batailles incessantes qui l'organisent. Nous manquons pour l'homme d'un intellect simplement démocratique. Définissons cette sphère sous la notion de prescription.

Aucune notion ne vaut que paisible.

La vengeance produit une justice apparente, l'équivalence distributive du talion. La langue courante les prend l'une pour l'autre, lorsqu'elle conseille, par exemple, à la victime d'une agression de se faire justice elle-même : rends-toi donc. Le châtiment remet ou rachète l'offense qu'une balance équilibre : tel par quel. On ne dit pas la loi du quantum qui supposerait une égalité dans l'ordre de la grandeur, mais loi du talion dont l'origine latine (tel... quel) indique une distribution plus fine, qualitative, essentielle : une dent ne vaut pas l'œil.

Cette invariance vengeresse lance un processus que

nulle raison ne saurait arrêter puisque la raison même équivaut à la réparation pleine et entière, satisfaisant l'offensé qui demande raison de l'injure et l'obtient. La cause pleine se retrouve, en quantité, en qualité, dans l'effet entier : loi rationnelle et de la justice et de la mécanique. Cela suffit : l'injustice consisterait en un excès ou un défaut dans la réparation. Ce pour quoi nous disons raison : non point égalité quantitative, mais proportion exactement adaptée aux plaideurs et à la plainte ; on considère les poids posés dans les deux plateaux, mais aussi les rapports de longueur sur le fléau de la balance, qui rend ainsi la stricte justice.

Le principe de raison ou, plutôt, de *rendre* raison *(principium reddendae rationis)* ne découle pas d'ailleurs : rien, dit-il, n'est sans elle. Ce rien vient de *res,* mot de droit romain qui désigne l'affaire judiciaire dont un procès débat et tranche : la cause. Avant de signifier la causalité, ce dernier terme dit l'accusation. Il faut rendre raison, comme en une réciprocité, comme si elle venait en second. Rien sans raison ou chose sans cause expriment moins absurdité ou contradiction qu'un écart à l'équilibre sur la balance de justice : à ce rien, à cette chose, comme suspendus en l'air, sans soutien, il faut, en compensation, ajouter ou soustraire une tare qui ramène le fléau — beau mot — à l'horizon, la tare à la raison. Nous ne savons pas penser une chose isolée, pendue sans attache ou flottant sans pesanteur : le verbe penser dérive lui-même de la pente et de la pesée, de cette compensation. Comment penser sans la compensation, sans la tare rationnelle ? Ainsi la raison rend justice à la chose, ainsi la cause en rend raison.

Voici un principe qui doit s'appeler d'équivalence ou d'équité.

Qu'il existe, de même, quelque chose plutôt que rien ou ceci, qualifié tel quel, plutôt que cela, voilà deux énoncés qui décrivent deux écarts à l'équilibre dont il est requis, contre l'injustice, qu'une tare les ramène à la juste position, horizontale et plaine. Que placer sur l'autre plateau pour racheter les dommages faits à ce rien qui n'accéda point à l'existence et à cela, autrement qualifié, resté dans la virtualité ou dans les mondes possibles? La raison justifie l'existence de ce qui est en compensant le possible ou le néant. Mesurée ou pesée à cette aune, l'existence, dont le nom, inquiet, indique encore un écart à l'équilibre, équivaut à la raison s'ajoutant au néant, rigoureuse équation. Inversement, l'égalité mathématique se ramène-t-elle aussi à la loi de justice?

Qu'appelle-t-on donc penser? Compenser ce qui n'est pas au moyen de la raison, porter la tare rationnelle entre l'existence et le néant ou le possible, comme si la raison faisait le rapport de l'être au non-être, ou qu'elle justifiât ce qui est à partir de ce qui n'est pas. Elle touche donc à la création quasi divine, et suppose une familiarité mortelle avec le néant ou le possible. Cette pensée rationnelle, cette pesée ou proportion compensatoire comblent exactement le manque ontologique.

La raison venge le néant.

Donnant l'équité à l'existence, le principe de raison amène l'ontologie sous la loi universelle du droit. Comblant le manque ontologique, la raison fait que la science entière qui découle d'elle découle de l'équilibre justicier.

Inventeur du principe de raison suffisante, Leibniz appelle lois de justice les règles d'invariance et de stabilité par lesquelles se compensent aussi bien les choses que les énoncés. Cette raison réparatrice conserve-t-elle dans la science ou le rationalisme quelque trace du talion vengeur ?

Pourquoi nommer justes, au sens judiciaire, dans l'astronomie médiévale ou renaissante, les équilibres longs de l'univers ou l'économie, entendue comme législation positive du monde physique, *justesse ou justice* apparaissant par les invariances ou stabilités, retours et compensations circulaires du temps cosmique ? Les lois de la nature, réduites à de telles harmonies, se ramènent au principe de raison suffisante. Donner du phénomène sa raison consiste à le compenser, à le rendre ainsi pensable. Noyau de vindicte publique dans le monde et la pensée, ou leur ordre respectif ?

L'invariance distributive de la vengeance lance un processus que rien, sans raison, ne saurait arrêter : ainsi les équilibres longs du monde se comptent le long du retour éternel. L'offensé obtenant raison de l'injure inflige à l'offenseur un dommage exactement égal et de nature équivalente, pour faire de ce dernier un tiers homme offensé exigeant à son tour l'équilibre ou raison suffisante : la vendetta ne cesse pas et l'histoire conspire et consent au retour rythmé des constellations ainsi qu'aux règles de la pensée pesée. Tout est en ordre : le cosmos, le temps sonnent en ramenant l'heure des compensations.

Voici le moteur immobile de nos mouvements, la raison dans le monde et l'histoire, jumelle de la vengeance et imitant ses compensations ou répara-tions, comme les doctes qui s'adonnent à la pensée dans les murs de la classe imitent les voyous qui se battent dans la cour, quand la cloche sonne.

Nous autres, rationalistes avancés, éclairés par les lois les plus profondes qui règnent sur le monde des atomes, appelons tout cela, parfois, équilibre de la terreur. Toujours le même ordre gouverne le monde.

La vengeance et sa justice apparente, fondant le retour éternel, gardent intacte la mémoire intégrale de la raison exacte, par le temps réversible et cyclique. Elles ignorent la durée, ce temps irréversible qui suit une direction sans jamais pouvoir rebrousser chemin. Le long de la durée intervient l'oubli, où l'anamnèse jamais ne restitue ni ne compense la mémoire exacte ou intacte, jamais l'effet intégral ne vaut la raison pleine et entière : ce temps nouveau amène un manque à la suffisance, un défaut ou un excès de la raison.

Et de nouveau les théories politiques de la tradition ou les sciences actuelles des jeux et stratégies se plongent dans un temps passif et non dans une durée où toutes choses changent. Elles demeurent dans le temps du retour éternel, le confortent et peut-être même le produisent.

Ce manque, excès ou défaut, porte en droit français le nom de *prescription*.

Elle se définit, au civil, comme moyen légal d'acquérir propriété par une possession non inter-rompue et se nomme acquisitoire dans ce cas, ou de se libérer d'une charge, par exemple d'une dette, quand le créancier n'exige pas l'exécution ; alors on l'appelle extinctive ou libératoire. Au pénal, on compte un délai à l'expiration duquel l'action publique ne peut plus rien entreprendre contre le criminel ou le délinquant.

En somme, la prescription admet l'action essentielle du temps. L'usucapion vaut droit de propriété comme si la durée, de soi, effaçait les droits de tout autre, en particulier ceux du prédécesseur éventuel. De même quand le créancier ne demande rien et que le ministère public n'attaque personne, le temps, de soi, suspend l'action ou la change.

Le temps passe et ne s'écoule pas de façon passive ; au contraire, il oublie ou efface les actes. Il ne revient pas pour demander raison. Liée au retour éternel et aux invariances stables, la vengeance revient, astronomique, comme les constellations ou les comètes.

On dit que le fleuve Oubli coule aux Enfers : la prescription le ramène sur terre dont les fils, assis au bord des rivières, perdent souvent la mémoire en même temps que la raison. Pas de monde plus atroce que celui où la nature se livre au retour éternel et qui refoule aux Enfers l'oubli et le pardon. La prescription le retourne ou le remet sur ses pieds : réel et doux le monde où les fleuves coulent vers les bouches de l'oubli et qui refoule aux Enfers la vérité revenante : l'aléthéia, gelée, ne s'écoule pas.

Dans le fait physique, quand retournent sur elles-mêmes les planètes, l'usure les a rongées un peu et les géantes rouges du ciel explosent à l'heure de leur supernova. Les grandes invariances dérivent, le monde a perdu le retour éternel.

En position tierce entre le droit et le non-droit, la prescription tombe par définition dans le domaine irréversible de l'histoire et oppose ses laps de temps, annuels ou trentenaires, aux règles invariables et inviolables. Plus qu'elle ne les limite, elle annule les lois en vigueur concernant les charges, les dettes, la propriété, les délits et les crimes. Soudain, tout se passe comme si tu ne devais plus rien, comme si tu n'avais jamais volé ni tué, le temps t'innocente, comme un fleuve baptismal. La prescription trace dans le droit la limite du non-droit, sa frontière du côté de l'histoire. Celle-ci, nous le savons, efface les traces, ôte les restes, érode les actes et les faits, oublie et finit par se taire, de même que le temps se moque du principe de contradiction.

Par ses codes et ses textes, le droit fait partie intégrante de la mémoire de l'ordinateur social. Il a mis la main à le construire. Il lutte contre l'usure de l'histoire. Voilà pourquoi son emblème dessine une balance, à la fois pour la symétrie de l'espace, l'équivalence des charges et le retour régulier du temps. Voilà pourquoi, du côté de la vengeance, il reste rationnel. Voilà pourquoi il a toujours plus ou moins partie liée, de l'autre côté, à sa limite ou frontière, du côté de l'intemporel, avec le droit naturel, qui, justement, se dit imprescriptible. A cette borne, le temps n'a par lui-même aucune action, et la raison, stable par ce temps passif, reste invariante par son passage.

Malaisément, héroïquement, le droit se tient entre deux zones, deux tentations : l'une, occupée par le droit naturel, universel et invariant, non écrit donc imprescriptible, intemporel et l'autre, envahie par l'histoire et les oublis bariolés de son haillon. Selon les époques, il penche, en somme, d'un bord ou de l'autre, vers le droit maximal ou le non-droit, certains diraient de la raison rigoureuse au chaos, d'autres d'un fantôme idéalisé à la saisie complexe du concret.

De même que nous avons remis le temps sur Terre et sur ses pieds en renversant l'antique mappemonde des Enfers et du globe, puisque à tout prendre le fleuve Léthé s'écoule comme l'Amour et ses oublis, de même il faut retourner ce spectre cap pour cap afin que la seule loi universelle et imprescriptible devienne la prescription. Il n'existe d'invariant qu'à condition de se jeter dans le variable, nous ne pensons plus les équilibres que dans les mouvements.

La raison venge le néant et la science rationnelle garde en elle des traces de ce droit primitif, qu'on appelle naturel, sans s'interroger sur cette nature qui reste étrangère à l'œuvre du temps. Pour les droits les plus positifs, nos actes se plongent dans le temps, mais pour la prescription, ils se font et se forment de temps, leur vraie matière première. La durée les noue, les exalte, les dénoue, les efface. Elle leur donne naissance et les fait s'évanouir. Voici venue la nature : ce qui va naître, oui ou non. La nature court ou coule de bifurcations en bifurcations, de confluents turbulents et vifs en bras morts oubliés, d'oubli en souvenirs et de mémoires en pertes sèches. Elle ne peut passer ni pour définitivement stable ni pour follement ou irrationnellement instable.

De même qu'il fait nos actes, le temps réel fait le droit, et, s'il le fait, il le défait tout aussi bien, et c'est cela le naturel, qui va naissant ou qui risque de ne pas naître. Il fait le droit, le forme, le transforme et donc le fonde. La jurisprudence, fluctuante, on le sait, crée le droit du côté de l'histoire, mais le droit le reconnaît en reconnaissant l'action du temps, par la prescrip-

tion. Voici l'ouverture du droit vers sa propre fondation, c'est-à-dire vers le droit qu'avec les Anciens,
j'appelle naturel, c'est-à-dire vers la nature physique.
En le faisant varier, en l'annulant, la prescription,
stable pourtant, le fonde. Le droit naturel, au sens le
plus profond du mot, ne se trouve donc pas du côté où
on l'attendait mais de l'autre, séparé du premier de
toute l'étendue formidable du ciel. La prescription fait
partie du droit naturel et en cela fonde le droit et en
cela demeure imprescriptible. Le seul acte que nous
ne pouvons effacer ni annuler c'est l'acte d'annuler ou
d'effacer. On n'oublie pas l'oubli, acte en quelque
sorte inoubliable.

Cela est de droit, mais ceci de morale, de politique
et de théologie : le pardon fonde l'éthique, la clémence fonde la puissance, la retenue ou miséricorde
couvre la justice et descend sur le destin.

Comme le terme l'indique, et le signifiait en droit
romain, la prescription s'écrit en tête, en préambule
ou préalable, en épigraphe de tout texte. Quand vous
écrirez le matin, après que l'heure sonne, de théorie
ou de littérature, de droit, de science, de mathématique ou d'amour, sachez qu'avant la page blanche,
dans sa marge du haut, la prescription toujours déjà
vous précède. Par définition, elle seule existe avant.
Ecrite en haut de la page mais gommée en elle et la
laissant intacte, libre, vierge, blanche, innocente. En
tierce position : inscrite, effacée.

Depuis deux millénaires au moins, chacun se souvient mais tout le monde a oublié que les Samaritains
tenaient le pire des rôles, comme ennemis honnis,
implacables, irréconciliables. La parabole du bon

Samaritain énonce une contradiction : un tel homme ne peut pas passer pour bon. Tout le monde s'en souvient, chacun l'a oublié : il y a bien prescription et elle a réussi.

Elle demande l'oubli, mais elle a, déjà, écrit la mémoire, puisqu'elle a laissé sa trace. Elle se souvient comme écrite, mais prescrit d'oublier. Elle n'équivaut point à la conservation ni ne s'identifie à la perte sèche, elle invente nouvellement, comme en tiers, la mémoire-oubli, le souvenir gardé à l'abri mais en même temps effacé, intellectuellement invariant dans la boîte noire de l'histoire, mais passionnellement, existentiellement, historiquement, sagement perdu : nouvel invariant par variations, stabilité par instabilités, fondation du droit autrement plus forte que le morne retour éternel, immobile comme un sac de plomb ou sonnant comme la cloche.

Pour ne plus écrire que dans la beauté ou l'amour de la sagesse, nous n'écrirons plus de philosophie que par prescription.

Quand on pourra lire sans scandale un récit où l'homme le plus abominable se conduit actuellement comme le meilleur, alors le Messie adviendra. Mais il vint déjà, puisqu'il a écrit ce texte dont je ne suis pas l'auteur.

Moi. Nuit

L'auteur ? Qui est-il, qui suis-je ?

Admirablement nommé, le sujet, pudique ou terrifié, se terre, se cache, se lance derrière ou dessous la succession des habits, jeté sous les capes et manteaux, introuvable comme Arlequin, dont l'effeuillage montra toujours et partout la même chose, à quelques variations près, du bariolé, qu'il s'agisse du costume, de la peau, du sexe ou du sang, finalement de l'âme — *mon âme aux mille voix que le dieu que j'honore mit au centre de tout comme un écho sonore* —, dont les facettes juxtaposées, comme celles d'un cristal ou d'un œil de mouche, réfléchissent, quoique intimes, la multiplicité bruissante des événements extérieurs, comme si le nombre de ceux-ci correspondait à celui des parois intérieures qui les renvoient. Peut-on chercher plus outre ? Du comparatif : l'intérieur, au superlatif : l'intime ? Existe-t-il plus intime encore ? Ce qui gît dessous ressemble-t-il toujours à ce que l'on peut voir en surface ?

A défaut du sujet, je peux dire l'adjectif. Si le premier se jette dessous, à moins que d'autres ne l'y jettent, le second est jeté à côté. A la question : qui suis-je ? ou je substitue la question : qui est-il ? ou la pudeur exige que je cherche toujours à répondre à côté. Donc par quelques adjectifs.

Qui suis-je ? On dit que je suis gentil, adjectif estimé dans mon pays où l'on aime les vieux mots de noblesse, gentil, donc attentif, souple et adapté, courtois. Chez l'autre, je devine vite les qualités, positif, et du coup je souris, mais ne sais pas soupçonner les vices, naïf. Rapidement, les adjectifs surabondent. Je joue volontiers la rencontre, en donnant gaillardement sa chance à la contingence, confiant. Timide ou peureux, il semble, je ne me méfie pas, peut-on dire courageux, dès lors ? Mon estime première pour l'autre, qui l'encourage et souvent le fortifie, me fait toujours placer la barre au-dessus de moi, je ne trouve d'abord que meilleur que moi : généreux ? Peut-être, mais voici que soudain je découvre que je me jette dessous, de ce coup, me voici un peu sujet ; au moins subjugué. Je définis le moi par les contacts, les voisinages, rencontres et relations : oui, dans la communication, je me construis en me jetant aussitôt sous mon vis-à-vis. Enfin sujet ?

Mais je m'en avise : le mot sujet lui-même ne fut-il point un adjectif, qui devint tardivement un nom ? D'abord dépendant, soumis, astreint, exposé, exactement obligé, comme je peux dire à qui je parle : merci, je suis votre obligé... avant de se prendre pour le point de départ d'un énoncé logique et grammatical où cet être individuel devient une personne et le support d'actes et de connaissances. Adjectif si bien jeté à côté qu'il disait le docile et l'obéissant et qui, soudain, prit la place principale et, en se substantivant, expulsa les autres adjectifs hors du centre où, en philosophie, sa majesté se mit à trôner ? Doit-on reconnaître, dans le sujet, un sujet qui aurait pris, indûment, la place centrale, un roi de comédie comme Arlequin, Empereur de la Lune, ou de tragédie et alors supplicié, traversé de flèches dans le centre ?

Qui suis-je donc quand, ainsi, je me jette dessous ? Admiratif, enthousiaste même pour qui se révèle inventif et bon, respectueux de qui travaille, étonné du généreux, désobéissant violemment à qui ordonne et tonne ou prononce la loi, ironique doucement devant le paon, ému par la beauté du corps ou du talent, glacé envers la grandeur d'établissement, rompant vite avec le vaniteux, je présente mes hommages aux femmes de chambre, de naissance, j'appartiens à la famille des humbles, et me courbe rarement devant le haut rang, donc, selon la personne et l'entourage, disert, taciturne, bavard, chaleureux, réservé, absent ou totalement livré à l'autre. Qui donc as-tu rencontré, toi qui m'aimes ou me hais, à qui je devins hostile ou indifférent? Un homme jovial ou modeste, sauvage, distrait, au contraire concentré...

Reste que tout est vrai; dites-moi, je vous prie, ce qu'il faut entendre par mensonge? La relation produit la personne, je ne crois pas aux masques tout à fait. Enfoui, jeté vivant, sous le « nous » mouvant de l'intersubjectivité le moi, comme on dit, fait ce qu'il peut : il s'adapte, assujetti aux liens de la communication. Métis, quarteron, hermaphrodite, ambidextre, tatoué, vivant sous mille couches de manteaux rapiécés, je puis m'en débarrasser sans encombre, cela ne change pas grand-chose. N'accusez pas de masques les profils que dessinent les autres en moi.

Serviteur de mille maîtres, Arlequin s'habille de ses sujets-spectateurs, car il demeure dans le public et fait partie de lui, voilà pourquoi il reste un empereur de comédie, alors que Salomon, extérieur et lointain, encombré de sa folie solaire, devient un vrai roi de tragédie. En flammes, le tragique, seul, forge l'unité de la personne en même temps que celles d'action, de lieu et de temps —, le sujet du savoir lui-même, au moins en Occident, se fonde sur ce tragique —, le comique les laisse à leur multiplicité. Assujetti à ses sujets, l'Empereur de la Lune porte leurs couleurs et leurs casaques. Irrésistiblement, je diagnostique le théâtre essentiel du malade mental dans le tragédien solaire : le comédien, normal, court la rue.

Qui suis-je donc, à nouveau? Solitaire et social, timide et courageux, humble et libre, brûlant, ombrageux, bête de fuite et d'amour, je ne mets jamais de poudre ni de fond de teint, ni de carton peint sur la figure, ni de titre sous ma signature et sur ma carte de visite, je ressens l'habit sur la peau comme un homme nu recouvert. Je suis assez nombreux pour n'avoir jamais eu besoin de mentir.

Je suis donc en réalité tous ceux que je suis dans et par les relations successives ou juxtaposées dans lesquelles je me trouve embarqué, productives de moi, sujet adjectivé, assujetti au nous et libre de moi : que le lecteur veuille bien me pardonner : je n'en parle (de moi, vraiment ?) que pour chercher le plus loyalement du monde ce qu'il en est de lui. Donc le moi est un corps mêlé : constellé, tacheté, zébré, tigré, moiré, ocellé, dont la vie doit faire son affaire. Voilà que revient le manteau d'Arlequin, cousu d'adjectifs, je veux dire de termes placés côte à côte.

Ainsi le malheureux réveille en moi le vieux chrétien qui ne dort jamais que d'une oreille et en fait naître un nouveau, sur un tas de paille, le puissant y ramène l'ancien cathare, toujours présent, quoiqu'un authentique holocauste les ait tous éradiqués — je n'ai plus d'aïeux —, le dogmatique opiniâtre y soulève le moqueur en sommeil et le sot l'inextinguible rire des dieux, le violent y suscite le pacifique, et la beauté les fait tous s'agenouiller.

Suis-je donc une scène par relation, un profil fugace effacé devant un horizon décevant et menteur ? Non, je suis la somme de ces adjectifs, nouvellement substantivés (on dit bien les nouveaux riches), l'ichnographie de ces silhouettes, intégrale inquiète et fluctuante, plongée dans le bruit et dans la noise, au milieu des criailleries, du tohu-bohu des parasites qui gravitent autour de ce moi, exil baigné dans le don des pleurs, thorax noyé sous un lac de larmes, une totale solitude liquide, à l'état instable, solution sans exclusion où le flux de l'abandon traverse soudain l'espace variable du courage, où la nappe jaune de l'éveil se frange et se jette dans le volume noir des oublis, où quelques jets d'orgueil subits fusent sans lendemain dans un bassin d'humilité huileuse... Oui, les adjectifs se plongent d'eux-mêmes les uns dans les autres et jouent sans arrêt au sujet : mêlée où chacun tour à tour et parfois tous ensemble vont au centre, mais où ils occupent tous les lieux et toutes les directions de l'espace, tous les sens.

Qui je suis, dès lors, s'exprime sans difficulté : un mélange, une mêlée bien ou mal tempérée, exactement un tempérament. Le mot disant la chose elle-même, je suis, par conséquent, fait de temps, de ce temps dérivé de la température ou de la tempérance. Comme lui, le mélange est contradictoire : d'hier à demain, tout peut se renverser ; ou, dans le même lieu, en même temps, tout se mêle.

Contradictoires, le mélange et le temps le sont, comme mon âme, nuageuse, variable, ondoyante, nuancée, aquitaine. Mon âme, le mélange et le temps ne peuvent se dire ni par des substantifs, trop stables, ni par des adjectifs, trop juxtaposés, mais se décrivent au plus juste par l'ensemble des prépositions : *avant* et *après* en construisent la fluidité visqueuse, *avec* et *sans* les partages hésitants, *sur* et *sous* le sujet faux et vrai, *pour* et *contre* les passions violentes, *derrière* et *devant* les hypocrisies lâches et les courageuses loyautés, *dans* et *hors* les claustrophobies corporelles et théoriques, sociales et professionnelles, *entre* et *outre* la vocation métaphysique d'archange-messager, *de* et *via* et *vers* ma fureur de voyager... topologie fine qui exprime au mieux les lieux et les voisinages, les déchirures et les continuités, les accumulations et les raretés, les positions et les sites, les flux et les évolutions, la liquidité des solvants et des solutés.

Non, je ne suis pas un problème ; à la lettre, je suis une solution. Et je tolérerais d'écrire des titres sur ma carte de visite à condition d'entendre par là les divers rapports des substances dissoutes en elle, leur densité dans l'alliage. Qui suis-je ? Une fusion d'alliés, plus coalescente que coalisée.

D'humeur aquitaine, donc, tempéré comme le climat de mon paysage natal, mélancoliquement gai, enthousiaste et désespéré, à nuances douces, à doses changeantes et titres mobiles, selon la minute et les gens de mauvaise ou bonne rencontre, toute partie ou suspension pouvant soudain se trouver levée, réveillée ou mise en lumière sous le faisceau croisé des circonstances ou des intersections, par l'exigence subite d'une relation puissante et ponctuelle.

Une sorte de pseudopode s'avance. Il s'étire. Il se retirera. Jamais plus peut-être il ne reparaîtra. Ou va devenir l'axone. Qu'inventerai-je ce matin sous l'action de quelle patte de colombe ? Quelle propriété nouvelle va sortir de ce mélange neuf ? Quelle Aphrodite fraîche naîtra, ruisselante, de ce barattage inattendu ?

Légion, je suis octavon. Je porte donc en moi, au plus intime de moi, j'allais dire sous moi, le haillon composite des tissus qui habillent mon entourage réel et virtuel, la loque où se juxtaposent mal mille mimes, mon temps les a cousus, puis fondus ensemble, guenille dépenaillée, certes, mais guenille devenue ma chair même, mon sang liquide mêlé : québécois depuis l'île aux Coudres au milieu du Saint-Laurent, africain depuis les rives du Niger, chinois depuis le Yang-tsé, brésilien depuis Belém au bord de l'Amazone, les adjectifs locatifs à leur tour surabondent, mon sang coule sous les rives de Garonne, du Mackenzie et du Yukon, ma chair sort des lises de Garonne, de l'Amour, du Gange et du Nil, je descends de la Garonne, du Huanghe, de l'Elbe et du Mississippi, je suis né aux sources de Garonne, du Tibre, du Pactole et du Jourdain, marin de Mer au confluent des fleuves de Terre, ma carte de visite ressemble à mes visites, à la carte de géographie. Quarteron, je suis légion, je ne suis pas le diable, je suis mappemonde et tout le monde en même temps.

Et tout le monde, je crois, est un mélange comme moi, sang coupé à mille titres et quartiers, coulant de toutes les rivières ensemble, sauf, peut-être, ceux qui ont lu et cru les livres qui expliquent le principe d'identité, dont l'abrégé permet de régner. Monde, je suis légion ; non, ce n'est pas une maladie.

Jamais les Africains n'ont cru que j'étais un toubab, les Chinois me pensaient issu d'une quelconque minorité nationale, partout immigré plutôt qu'émigré, un Indien d'Amérique m'a même demandé, au cours d'un pow-wow, à quelle tribu j'appartenais. Je crois, au fond de moi, que l'appartenance fait le mal du monde, en raison de l'exclusion. Je la soigne par intersection de cent mille appartenances, métis.

Paysan, oui, j'ai appris à labourer ; épicier, certes, j'ai vendu de l'huile et du sel ; marin, assurément ; casseur de cailloux et manœuvre maçon, ai-je fait autre chose au cours de ma vie ; voyou, peut-être ; moine, bien sûr ; me voici depuis peu devenu novice montagnard ; en quête de sainteté, passionnément ; écrivain, oui, je l'espère ; philosophe, je pleure d'émo-

tion et d'espérance à l'idée que je pourrais le devenir... Oui, tous, je les comprends tous.

Que ne suis-je pas ? Taureau, serpent, lynx, chien,
loup, mouette ? Je suis et je comprends toute l'arche.
Du déluge fluide et de l'alliance fondue. Quel animal
ne me servirait pas de totem ? Renard ? Non, je vis
comme un animal sans espèce. Pas de genre, sang-
mêlé, sans appartenance : libre, libre, dans l'espace
irisé des mélanges, bête de tempérance et de tempérament, être de temps.

Qui suis-je, liquide, parmi les larmes cachées ? Qui
suis-je, topologique et temporel ? Quand le silence,
enfin, et la nuit, insularisent la solitude, lorsque se tait
le langage qui tient le siège des autres en moi —
comment museler le bec de cet irrémédiable bavard ?
— se lèvent les voix, la tonalité musicale fondamentale qui m'accompagne depuis la plus haute
enfance, continue sans déchirure, déchirement
continu, armure ou armature qui me porte et dont la
tessiture indique ma modalité propre, des sons purs
privés de sens, je suis, j'entends la flûte et le vio-
loncelle, la berceuse et le canon, la mandore et le
tuba, vielle et rebec, aubade et ballet, cavatine et
rigaudon, soprano, basse chantante, en moi je porte
les grandes orgues, mes délices et amours : bourdon,
nasard et larigot. Mais, de nouveau, ces pièces ou
instruments se mêlent, harmonisés quelquefois, noi-
seux souvent, plaintifs toujours, tohu-bohu, charivari,
acouphènes atonals d'où émergent rarement les
Aphrodites ruisselantes des trouvailles musicales. Ou
un cri pur de douleur.

Au fond du fond gît et se meut la musique, flux et
fleuve uni et turbulent, portage et portée du temps, au
fond du fond du fond fluctue le bruit de fond.

Là, je me jette dans le monde des choses qui se jette en moi.

Moi : noise brute. Moi : note longue. Moi : pronom, quand le langage, enfin, s'en mêle, pour oublier, seul vrai mensonge, les mélanges et gommer la multiplicité des pièces. Moi : troisième personne, chacun, les autres, tous, cela, le monde, et le *il* impersonnel des intempéries temporelles : il pleut, il pleure, il vente... et se plaint ; il tonne, crie... musique, bruit ; soudain, il faut, et me voici, éthique, réuni, debout, au travail, dès l'aube.

La philosophie classique conseille de passer des modes et attributs, circonstanciels, à la substance ; des adjectifs, volages et inconstants, au substantif stable et fixe : mais le mot sujet, je l'ai dit, fut un adjectif avant de se transformer en substantif. Tricheur ! On dirait que le volage, après avoir vécu, se fixa.

Quand vous entendez ou composez des variations sur un thème donné, ne vous demandez-vous point, parfois, si le thème lui-même ne se développe pas comme une variation parmi d'autres ? Plus simple, sans doute, plus pur, plus court, certes, mais pourquoi le séparer d'elles ? Il existe autant de distance entre ces dernières qu'entre elles et le thème que rien n'empêche alors que j'appelle variation sur l'une des variations. Pourquoi le préjuger plus stable et mieux centré que ces dernières ? Oui, le thème n'est qu'une des variations.

Ainsi le roi même est un sujet, un homme parmi tant d'autres, deux pieds, dix doigts, dans les bons cas, et ses appuis sur la même terre que moi. A preuve que, depuis que la guillotine l'accueillit, tous ses sujets d'autrefois, à de rares et sages exceptions près, rêvent de prendre sa place ou l'aménagent pour accueillir le temporaire roi, qui ne cesse pas d'être sujet, plus sujet même que les premiers, pris dans le sens politique, puisque le nombre des attentats dirigés contre lui l'emporte de beaucoup sur le nombre de ceux qui se complotent contre quiconque. Le voilà jeté dessous : il doit savoir qu'il doit sa place de roi au fait qu'il est le plus sujet des sujets.

Adjectif substantivé, thème-variation, roi-citoyen ; de même le soleil central n'est qu'une étoile marginale, naine jaunâtre et médiocre, sans vraie grandeur, dans l'immense concert des supergéantes, rouges comme Bételgeuse ou bleues telle Rigel. Le roi Salomon, revenu parmi nous, dirait-il : rien de nouveau sous la galaxie du Cygne ? Voilà longtemps que la révolution astrophysique nous enseigna de ne plus centrer le ciel ni l'univers. On entend dire même que le point originel du big bang n'aurait eu ni lieu ni temps.

Ainsi le centre n'est qu'un centon, ensemble nombreux de pièces composites. A l'Empereur de la Lune vous demandez de se déshabiller pour montrer ce qu'il cache : or il ne cèle rien. Tout est vraiment toujours et partout comme ici, aux degrés de grandeur et de perfection près, je veux dire que tout est manteau d'arlequin, même la substance, même le thème, même le sujet, même le moi, même le roi, même le soleil, même les substantifs. La singularité s'éparpille, l'unité se multiplie.

Même Dieu ? N'est-il pas l'un des secrets que je dévoile : unique et triple, multiple, adjectif et subs-

tantif, divin et divinité, roi et sujet, supergéante dans
sa gloire centrale et naine perdue dans une étable de la
périphérie, universel et singulier, loi créative, incarnation tragique prête à mourir, troisième personne
partout propagée?

Absurde, impossible, irrecevable : je n'ai pas osé le
dire ; non, je n'ai jamais eu le courage d'exposer ce
que je crois.

Mais d'abord : je ne sais pas si je crois, j'ignore ce
qu'il en est de croire, je ne sais quelle pensée, quel acte
ou quel sentiment accompagnent la croyance ou la foi.
Je sais, un peu, ce qu'il en est de savoir, je sais ce que je
sais, quand je le sais, comment je fais pour le savoir, je
connais l'ignorance et le doute, la recherche et la
question, je connais la connaissance, son bonheur et
ses objets, ses chemins multiples, sa quête enthousiaste
et ses déserts, sa profonde humilité, son oubli rare et
nécessaire de la raison dominatrice. Et je reconnais ce
que je ressens, rangé à jamais dans la boîte noire à
pudeur. Serait-ce le mélange d'une connaissance incertaine et d'un certain pathétique laissé qu'on appellerait
croyance ? Je ne le sais pas. Ou je sais que cela m'indif-
fère. Que m'importe d'apprendre d'où vient ce que je
vais oser dire : me voici assez vieux, c'est-à-dire assez
fort pour avoir le courage.

Je ne sais pas si je crois en Dieu. Je sais que souvent
je ne puis croire en Dieu : je suis athée dans les trois
quarts de ma durée. Pourtant, par fulgurations inter-
mittentes, je sais que le divin est là, présent, dans mon
voisinage, et qu'il règne par l'univers. Régner, ici, ne
parle aucunement d'un roi, mais de cette façon de
construction que désigne un carreleur quand il dit
d'une tomette hexagonale et rouge qu'elle règne par

toutes les pièces d'une même maison. Partout dans l'univers, le divin en est le tissu, d'autres disent la loi, je préfère en décrire la matière ou la chair. De cela je suis sûr, non pas maintenant, mais parfois, rarement, de manière extatique. Et quand l'occultation longue succède à l'éclat intuitif bref, me voilà certain que Dieu n'est pas : hypothèse vieillie et sans nécessité. Peut-être, alors, m'abandonne-t-il, sans doute me damne-t-il, en laissant mon intelligence à cette misère. Dieu nous a-t-il tous abandonnés depuis le jour récent où nous l'avons abandonné ?

Je ne crois pas, je crois ; cela ne se décide pas, mais s'ensuit. Mécréant mystique, mes assurances rares sont plongées dans la morne incrédulité. Or pendant les instants où je crois, je crois dans le Dieu unique, mur continu de l'univers, soubassement, fondation et faîte, présence inévitable, voisinage constant et sens... mais je ne puis laisser longtemps les bois sans hamadryades, la mer sans Sirènes et les guerres des nations sans leur hideux sacré, les villes sans les temples de la différence et leurs habitations sans les mânes des aïeux : l'air se peuple d'archanges qui passent, de messagers innombrables ; oui, me voici vraiment païen, je l'avoue, polythéiste, paysan fils de paysan, marin fils de marinier, j'ai vu parfois les dieux s'enfuir d'une île où j'abordais, ou apparaître dans une gloire, je les ai ouïs ricaner, cruels, abominables, dans les incarnations de toutes les puissances, j'ai entendu souvent des légions de démons lâchés dans le tonnerre des canons, oui, je fus terrassé par le diable lui-même — qui n'a perçu son corps monstrueux se dessiner, réel, derrière les nuées de l'éclair atomique ? —, mais j'ai vu aussi passer une déesse claire parmi les sourires, ma parole de philosophe, je les ai aperçus, j'en témoigne.

Je crois, parfois, dans le Dieu de mon père, athée converti soudain au milieu des obus dans le champ de Verdun, je crois, souvent, aux dieux de mes plus vieux aïeux, je sais bien, à part moi, qu'ils remplissent l'espace ; qu'ils constituent le monde ; surtout : qu'ils soudent la société.

Depuis Nagasaki, je suis séduit, de plus, par mon ascendance cathare : foule de dieux réduite à deux, dont l'un, celui du mal, reste le maître sans partage de tout ce que les hommes nomment la puissance et la gloire, l'histoire, alors que celui de la bonté se cache et disparaît dans la paille d'une étable, si retiré, commun, effacé qu'il en reste inaccessible. Tout pour le premier, rien au second, défiguré, battu, improbable.

Je crois, je crois surtout, je crois essentiellement que le monde est Dieu, que la nature est Dieu, cascade blanche et rire des mers, que le ciel variable est Dieu soi-même : j'ai navigué en Dieu, volé au milieu de Dieu, reçu sa lumière vraie sur le dos dans des couloirs de glace en haute montagne, à l'aurore, j'ai même rédigé, parfois, sous son souffle, en traçant naïvement mon chemin d'humilité sur la page divine, et, en raison de ce métier, je n'ai jamais cessé de survivre par lui, avec lui et en lui... mais, par-dessus tout, vous êtes Dieu, toi que j'aime et toi qui me hais, toi qui passes et que je ne connaîtrai jamais, vous qui m'avez exclu, toi des lèvres de qui j'ai reçu des fleurs printanières, vous enfin qui faites le bruit, le tohu-bohu de ma vie charnelle et catégoriale...

.. mais de surcroît je suis sûr, absolument certain au-delà de toute espérance, qu'il existe un trou, une paille bizarre en ce panthéisme massif et dense, une exception étrange, source de toute douleur, que moi et *moi seul*, dans ce concert divin traversé de noise, ne suis pas Dieu ; seulement cette faille de néant n'est pas Dieu ; nouveau sens, très aigu, du vieux mot athée. Ici, pas de Dieu. Ici, seulement, Dieu s'absente. Ma part de destin est ce lieu d'athéisme.

Tout est Dieu sauf celui qui l'écrit, qui en lâche la plume parmi les pleurs.

L'un. Le centre. Le soleil. Le thème. La substance. Dieu. Le nom propre : Salomon, Arlequin, l'auteur de ce livre.

Le multiple. La périphérie composite. Les étoiles de toutes les magnitudes. Les variations. Les attributs, le manteau dépenaillé. Les adjectifs multiples : gentil, courtois, bavard, taciturne... Plus avant : le mélange fondu, la musique, le temps, le bruit de grenaille que font les moulins, les âmes et la mer.

Le multiple et l'unité se présentent, en réalité, comme des singularités limites dans une variation. En voici l'image simple. Soit une mosaïque : elle juxtapose des milliers d'éléments de formes diverses et de couleurs variées, dont les limites dessinent une sorte de réseau. Voici le multiple : mappemonde, manteau d'Arlequin, centon de textes divers.

Qu'un tableau peint à l'huile sur une toile représente la même scène que la mosaïque : le réseau disparaît, les voisinages fondent, les éléments, gommés, laissent place à un glacis continu de formes et de couleurs mêlées. « La Belle Noiseuse », chef-d'œuvre inconnu d'un peintre sans nom, fait émerger un pied superbe d'un chaos de tonalités.

Dans le graphe de géométrie correspondant, plongé dans un espace homogène et isotrope, les courbes se déploient selon des lois et se repèrent grâce à des droites, verticales et horizontales, les points n'ont pas de parties, les lignes ni les plans d'épaisseur : le règne de l'un succède ici à celui du multiple en mosaïque et au mélange des couleurs liquides sur la toile.

Nous pouvons, d'un côté, tirer du tableau la mosaïque, en fabriquant un découpage, puis un jeu de casse-tête ou de patience à partir de ses traits ou région par région. Le mélange alors tend vers le multiple, *partes extra partes*. Le discontinu émerge de la continuité, comme les nombres entiers sur la droite réelle. Les éléments fondus dans le mélange se séparent bien ou mal. La mosaïque en montre les grains. A la rigueur, on dirait avec apparence que si l'on pouvait voir « la Belle Noiseuse » d'infiniment près, on y trouverait cette disposition granulaire.

On peut imaginer, inversement, un mélange si infiniment dilué que les couleurs s'évanouiraient pour laisser apparaître l'homogénéité. Une goutte de miel, un nuage de lait, une pinte de sang dans la mer Méditerranée ne sauraient troubler sa couleur uniformément vineuse. Alors les volutes compliquées se simplifient à l'extrême, tout le détail s'annule et les objets se vitrifient : l'approximation fait place à la rigueur, la mêlée tend infiniment vers le pur et la peinture vers la géométrie.

Au bilan, le multiple et l'un deviennent des singularités limites du mélange. Ce dernier ne cesse pas, demeure là, nous entoure et nous baigne, sans doute faut-il l'appeler la réalité, que nous pensons à l'aide des deux singularités opposées : sa limite du côté de l'un, et son autre limite sur les faces du multiple,

Arlequin vêtu de son manteau, Salomon et son soleil.

Le monisme et le pluralisme sont des philosophies limites construites abstraitement sur un fond réel de mélange. La première le géométrise, alors que la seconde en propose une mosaïque, un découpage en jeu de patience, une image sur l'écran d'un récepteur de télévision.

Comment parler du mélange ? Au moyen, de nouveau, des prépositions. Si nous avions à décrire « la Belle Noiseuse » ou le manteau d'Arlequin, nous devrions puiser sans cesse dans leur liste ou rubrique : telle couleur ou telle forme se trouve dans ou hors, avant ou entre, outre et contre, sur ou sous, selon ou jusque telle et telle autre : voici revenue la topologie.

Or il existe une topologie du premier graphe de géométrie, une de la mosaïque, enfin une autre du tableau. La description rigoureuse qu'elle propose ou celle qui utilise les prépositions vaut donc pour les trois schémas ensemble. Ce que je voulais montrer.

Or, pour passer du mélange au multiple et de celui-ci à l'unité, nous traversons un espace ou un temps qui vibre et tremble comme le rideau de flammes illuminant la rampe du théâtre où Arlequin se déshabilla. Parfois nous apercevons l'un, tantôt nous distinguons du multiple ou baignons dans la mêlée.

Mais je puis décrire encore, de la même façon, la danse du feu qui nous éclaire, par flammèches continues, déchirées, courtes, longues, lointaines, voisines, sur et sous, hors et dans, devant, derrière, après, avant, outre et entre...

Ce que je voulais montrer.

Feu. J'imagine une pyramide, un prisme, absolument transparents. Quand la lumière blanche du jour, elle-même invisible, mais capable de faire tout voir, se jette vers une face de ce prisme candide, elle rejaillit, en face, par un arc-en-ciel de couleurs fondues et distinguées : il n'en manque pas une. Spectre des étoiles, manteau d'Arlequin.

Qui suis-je ? Personne, absolument parlant. Nul. Si pâle et hâve que j'en perds l'existence. Spectre blême et blafard, prêt à se dissoudre dans l'air. Rien, à la rigueur. Du blanc, de l'invisible, du candide et du transparent. Zéro. Solide pur livré entièrement à la lumière, d'où qu'elle vienne, haute et basse, brillante, discrète, établie ou irrégulière. Pas une seule part d'être, rien que du néant.

Alors, tout. La lumière blanche sur la pyramide translucide explose selon l'éventail, plus que multicolore, de la panchromie. Rien, donc tout. Nul, donc possible. Personne, donc tous. Blanc, donc toutes les valeurs. Transparent, donc accueillant. Invisible, donc productif. Inexistant, donc indéfiniment apte à l'univers. Voilà de nouveau la loi.

Universellement, donc, parce que l'homme n'est rien, il peut : infinie capacité.

Je suis personne et ne vaux rien : capable donc de tout apprendre et de tout inventer, corps, âme, entendement et sagesse. Depuis que Dieu et l'homme sont morts, réduits au pur néant, leur puissance créatrice ressuscite.

Voilà pourquoi j'ai pu et dû écrire ce livre : parce que l'apprentissage, dont voilà le fondement, est l'essence blanche de l'hominité.

Toi. Jour

Envoi. Mon ami Hergé ne voulait pas de nom, je suppose, puisqu'il signait des initiales de deux prénoms, Rémi et Georges. Un tel sigle montre et cache qu'il commençait à peine à être ou exister, comme un enfant. La pudeur détache l'essentiel et le réserve. Tintin, lui, n'a pas de nom, même pas un sobriquet, juste une onomatopée. Nous évoquons ces deux ombres, nous ne les appelons pas.

Qui était donc, trait pour trait, celui qui a réjoui notre enfance?

Georges était blanc : lumineux, diaphane, éblouissant mais calme. Adepte ou inventeur de la ligne claire, dans le travail, il habitait une maison aux couleurs légères et un corps limpide et pur. Je me souviens de lui comme d'une transparence, son intelligence lévitait, je savais déjà quand nous parlions ensemble que j'avais commerce avec un ange. Tintin lui ressemble mais surtout Foudre Bénie. Dans les hautes zones du Tibet se découvrent toutes les clefs du secret : la neige blanche, le moine en extase, l'ami perdu et l'abominable bon. Plus de méchants sacrifiés ni punis, l'atroce monde à victoires et défaites enfin aplani, la grande conversion, exactement inverse de celle qu'on lui conseilla. La ligne claire dévoile l'ensemble de ses incandescences.

Georges donc, ou Hergé, qui signait par un nom en blanc, aima une coloriste.

Trente rayons convergent vers le moyeu, dit la sagesse chinoise, mais le petit vide au beau milieu confère à la roue force, cohérence et fonction. Plus de vingt albums rayonnent comme une aube à partir de cette vie, mais comment nommer la lumière cristal-

line, transparente et blanche, qui donna naissance —
à travers quel prisme ? — à ces images où des millions
d'enfants et d'adultes se reconnaissent depuis si longtemps ?

Comment lui trouver un nom ? Le génie ? Oui, des
notables et des gloires conséquentes que j'ai pu rencontrer dans ma vie, je crois pouvoir dire que Georges
se détache comme le seul vrai génie. Citez donc une
seule œuvre lue continûment depuis plus d'un demi-
siècle par plusieurs générations, chacune la relisant en
même temps que la découvre la suivante. Le génie ne
se définit pas seulement par cette reconnaissance
croissante, mais surtout par le rapport secret qu'il
entretient avec les deux manifestations positives de la
vie : le comique et l'enfance. Les nièces fraîches et
l'oncle aux cheveux blancs rient ensemble à Molière et
Aristophane que nul ne dépasse en force et en
vigueur. Les hauts moments des cultures commencent
par ces grands éclats de gaieté juvénile : la créativité
rit.

Hergé perd dans les neiges de l'Himalaya les dernières valeurs négatives de sorte que son œuvre dit un
immense oui, seule ou rare dans un siècle qui aima,
dans ses arts et par ses actes, la destruction et les
ruines et qui se complaît dans la stérilité. Qu'annonce,
pour nous, enfants jusqu'à soixante-dix-sept ans
devant nos œuvres à faire, ce oui naïf, natif, confiant,
vivant, vital, rieur et nouveau ? Transparent, candide.

Le domino blanc vaut toutes les couleurs, virtuelle-
ment : selon qu'on le pose ici ou là, le voici un, deux
ou trois. Il doit cette performance à sa blancheur :
zéro et réunion de toutes les couleurs, celle-ci les

contient et les efface, tout et rien. La lumière blanche se décompose dans le spectre de l'arc-en-ciel et l'absorbe, comme la queue du paon se replie après la roue. Si tu veux devenir tout, accepte de n'être rien. Oui. Le vide transparent. Cette abstraction suprême, ce détachement équivalent à la polyvalence. Blanchis, tu comprendras tout et te voici, à loisir, poisson, plante, fleur, archange ou luminaire.

Hergé, signant par des initiales de prénoms, sans nom, à peine existant, dessine, d'abord en noir et blanc, un personnage quasi anonyme, désigné par une onomatopée, rond comme une lune, à la tête à peine marquée, sachant tout et pouvant tout, capable de tout le possible, et comprenant autour de lui le poisson Haddock, la flore Tournesol et Castafiore, Séraphin Lampion... Le domino blanc produit et comprend la série de tous les dominos. Le centre créateur, la tête de Tintin ou le génie de Georges, brillent, incandescents, comme la neige ou les glaciers du Tibet. Trente rayons, le monde entier, Asie, Amérique, les îles d'Océanie, Incas, Indiens et Congolais, convergent vers le moyeu où seul donne à toute la roue cohésion et plénitude, existence et perfection le rond vide et transparent du milieu, le centre candide, tête de Tintin, âme angélique de Georges, air sous les pieds de Foudre Bénie, banquise, enfance, tout ce qui dit oui.

Les circonstances vitales, rencontres, attentes, voyages, chances et manques, travail, labeur surtout, travail écrasant, massif et dense, envahissant les jours et les heures, occupant les nuits, laissant le corps et l'âme au mal du temps, tous les détails d'une vie livrée à l'œuvre, concourent ensemble, au centre, vers un homme, mon ami, dont je porte publiquement témoignage que, transfiguré par elle, son visage rayonnait comme le soleil, blanc. Comment dessiner son portrait, au milieu de la rosace, puisque la lumière issue de lui produisait tous les dessins, tous les portraits explosant sur le pourtour du vitrail, vignettes multiples qui nous fascinent depuis notre amère enfance ?

Et qui nous fascinent parce que la tache blanche, la tête inoffensive et presque inexpressive, enfantine, indéterminée de Tintin trouent la page ou pratiquent sur la case une de ces fenêtres par lesquelles, dans les foires et les fêtes, celui qui veut qu'on tire son portrait photographique en héros, vedette ou roi, peut glisser son visage ou son buste et réapparaître, de l'autre côté, dans un décor de forêt vierge, de palais ou d'opéra. Mais il peut arriver aussi qu'un mufle de taureau lui tombe sur le cou et sur les épaules et qu'il s'en aille, titubant, dans les accessoires...

Chaque lecteur enfonce donc son propre corps dans le pertuis laissé par cette absence blanche et se dit en l'évoquant : Tintin, c'est moi. L'aventurier, à son tour, quelque nom qu'il porte, s'identifie pour la même raison et participe à mille individus divers, de toute classe, ethnie, culture, latitude, aux personnages de cette encyclopédie en ellipses ou paraboles qui fait d'Hergé le Jules Verne des premières sciences humaines.

A remonter de cette foule remuante et douce vers son animateur ou son créateur, on accède à la lumière claire et calme, presque absente, dont une série de transparences produit en retour des épaisseurs.

Qui n'a parcouru Shanghai, le Tibet, l'Ecosse ou le Proche-Orient sans se dire : je reconnais le paysage qui ressemble étrangement à ce que j'ai vu dans mon enfance par les yeux de Tchang ou du fils de l'émir? Comment se fait-il que, bloqué par la guerre en une ganse de Garonne, j'aie déjà tant voyagé, tant appris de choses sur les hommes? Les choses se renversent par enchantement : le monde mime les cases mémorables, les modèles reflètent l'image, la vie se met à suivre les sortilèges de l'art. J'en sais même qui n'accorderaient aucun regard aux fleurs des champs s'ils n'avaient vu d'abord de coquelicot dans un Renoir quelconque : pas d'Ile-de-France avant Corot. Cette expérience banale, qui en dit long sur l'expérience, a son origine dans l'auteur lui-même qui obéit à cette loi bizarre qui inverse l'ordre et la disposition des choses : il s'y plie et la commande.

L'homme d'œuvre entre corps et biens, sang, joie et larmes, dans son œuvre qui se met à produire d'elle-même la vie comme elle va et le monde comme il se montre et donc en particulier cet homme-là qui a mis un jour la main à l'œuvre. Cercle enchanté qui alimente l'un de l'autre et l'une de l'un l'homme et l'œuvre, spirale qui ne s'arrête qu'à l'heure de la mort : nous ne saurons jamais si la case devient blanche parce que le dessinateur meurt ou s'il meurt parce que Tintin, cette fois-là, ne s'en sortira pas; cercle de foisonnement qui fait naître de Moulinsart toutes ces histoires sans frontières comme d'une corne d'abondance, preuve que beaucoup de gens et de choses s'y cachent, dans les armures ou dans les dépendances. Veillez à qui en sort ou y laisse des traces : ci-gît le trésor. Diamants, rubis, colliers dont la valeur explose longuement sur le parcours ouvert de cette hélice envahissante jusqu'aux astres mais qui revient sur soi s'alimenter des antipodes dans le château, dans le fétiche, dans la cave, dans la statue, dans le corps même de l'auteur, ainsi produit et producteur.

Georges rayonnait de la lumière blanche d'un diamant de ce trésor. Il avait toujours l'air de sortir de son château, qui le hantait ou qu'il habitait. Le cercle se lève de je ne sais où et monte comme une spirale opulente qui va aux extrémités du monde et l'enchante mais qui retourne toujours à la verticale de soi : Rameau compte des mesures qui naissent naturellement de la musique elle-même dont les mesures produisent la musique de Rameau et enfin Rameau lui-même qui compose des mesures. Georges ne cessait pas d'entrer ou de sortir de ce moulin-là.

Ainsi le portrait de l'homme se réduit à l'œil de l'œuvre comme on dit l'œil du cyclone, espace calme et ensoleillé, lieu du trésor où Georges brillait, tranquille et diaphane.

Dans les heures heureuses où il nous attendait sur le perron de sa maison, les bras ouverts, les yeux et le visage illuminés de sourire et de bonté, je n'ai jamais longé le chemin de Dieweg sans que mon émotion dépasse la reconnaissance envers celui qui avait réjoui mon enfance. Je devinais, à travers mes larmes, l'enchanteur.

Bombardements, déportations, guerres et crimes en masse écrasèrent notre enfance, dans le désespoir et la douleur, de honte pour les hommes, sauf le seul enchantement que nous donnèrent la Chine et l'Amazone luisant derrière la ligne claire et le pardon bouleversant du monstre abominable méprisé de tous et devenu, vu de près, miséricordieux et bon, conversion

au milieu du désert immaculé. Seules lumières au sein
des ténèbres. A quoi bon vivre si nul jamais n'enchante le monde ? Comment et où habiter s'il n'existe
aucun lieu enchanté au milieu des destructions ? Et si
nous n'avions survécu, dans ces temps et ces lieux
invivables, que par la grâce de telles utopies ? Encore
l'œil du cyclone, seul espace où un esquif ne risque
rien, silence blanc au milieu des hurlements.

Entre le paradis et le paysage morne, entre la vallée
amère et le royaume, le Messie et l'homme de la rue,
la différence, infinitésimale, brille comme une petite
larme.

Les choses et les corps enchantés paraissent plongés
dans une eau limpide sous laquelle ils scintillent
comme les diamants ou les perles : transfigurés par
une laque, un orient ou une aube dont nous ignorons
la nature et la source, leur nimbe nous éblouit et les
protège.

Pour les faire rayonner ainsi, nous nous contentons
le plus souvent de les immerger dans la transparence
du langage ou l'éclat du style et nous réussissons
quelquefois : nous les voyons luire derrière les mots
clairs ou se raidir et se régler derrière leur rigueur
quand ils ne se recroquevillent pas sous la laideur ou la
sécheresse des termes. « Les arbres et les plantes,
disait La Fontaine fabuliste, sont devenus chez moi
créatures parlantes, qui ne prendrait ceci pour un
enchantement ? » Ici discourent également le tournesol et la fleur chaste, plantes, mais aussi le haddock,
poisson, avec le chien, animal d'ordinaire aboyant.
Pour parfaire le miracle, on peut plonger à leur tour
les mots et les langues dans le sortilège du chant, d'où
vient le mot enchantement.

Les choses s'immergent dans la parole et celle-ci

plonge dans la musique : double transfiguration du monde par l'œuvre poétique, entrée de Wagner qui monte et descend les gammes dans l'espace ou l'escalier de Moulinsart.

Le dessinateur ne l'entend pas ainsi, de son oreille cassée. L'enchantement, pour lui, se passe de chant : la cantatrice ridicule exécute atrocement l'air des bijoux et perd les siens qu'on a crus volés, alors qu'ils brillent calmement dans le nid de la case.

La bande dessinée ouvre une voie originale, autre que celle du langage, du rythme ou du son, et laisse rayonner les êtres et les choses de leurs propres formes et dans leur eau singulière : poésie muette de la ligne claire. Les vignettes remplacent les rimes et les pieds cadencés chez ce fabuliste classique aux cent actes divers et dont la scène est l'univers. Voilà que j'ai trouvé le nom de qui n'en voulait pas ; voici que la fontaine donne l'image de l'eau brillante et tranquille.

Les portraitistes, jadis, entouraient les têtes saintes, martyrs, vierges ou archanges, d'une auréole dont la lumière marquait leur transfiguration. Riez plutôt de ceux qui en rient : la plupart des cultures, modernes ou anciennes, ont un mot particulier pour désigner la gloire dont certains corps éclatent parfois, dans une explosion d'énergie ou d'amour, bonté, extase et leur attention fervente. A ce signe, on reconnaît que quelqu'un pense : l'idée s'évade ou émane de son corps dans une lueur dorée.

La gloire sociale ne fait qu'imiter pauvrement cette auréole réelle qui sort du visage. Les grands peintres, doués d'un œil acéré, la voient. Ou bien ils projettent, dans leur œuvre peinte, leur expérience et leur attention divines quand ils reproduisent les choses du monde telles qu'elles sont à la minute même où elles naissent des mains de leur créateur : infantes, initiales, prénommées, commençantes.

Je ne sais plus que choisir : l'auréole décrit-elle la lumière qui émane du modèle ou du dessinateur, ou bien fixe-t-elle la source de la lumière qui les éclaire tous deux, ou enfin doit-on la voir comme l'œil qui voit vraiment ?

Pour finir le livre qui dit et décrit les circonstances de la vie du tiers-instruit, comme une roue à rayons autour de son moyeu, j'ai projeté de tracer le portrait de mon ami, un des profils de cette vie. Seulement prénommé, le voilà : vide au milieu de ce cercle rayonnant, brillance blanche, lueur d'aube, auréole claire, œil du peintre et du cyclone, étincelant et calme, tel que je l'ai connu, comme je l'aimai, pudique, retenu.

La troisième personne : feu

Lorsqu'un homme passe à la nage un fleuve large ou un bras de mer, comme en lisant ou en écrivant un auteur ou un lecteur traverse un livre et le termine, un moment se présente où il franchit un axe, un milieu, également distant des deux rives. Parvenu là, continuer tout droit ou revenir sur soi s'équivalent-ils ? Avant ce point, en deçà de cet instant, le champion n'a pas encore quitté son pays d'origine, alors

qu'après, au-delà, l'exil auquel il se destine le sub-
merge déjà.

Fil émouvant, mince et fin comme une crête, ce
seuil décide du voyage et de tout apprentissage, dont
on note à peine ce lieu rare, si abstrait qu'on peut le
dire inexistant, et cependant si prégnant et si concret
qu'il étend sa nature et comme sa couleur sur la
totalité du trajet qui consiste à le franchir. Toute la
largeur du fleuve ou du dressage — du livre, et, en son
milieu, du monde — s'en ressent, comme si elle
reproduisait, en grand, ce fil.

La limite d'une frontière désigne, en deçà d'elle,
des terres familières, en tiers se place dans un partage,
mais le voyage tire et traîne cette tierce place à travers
tout l'espace ainsi partagé. Avant elle, moins à la
maison, déjà, que de coutume, le novice nage ou se
déplace vers l'étrange ; après elle, presque arrivé ailleurs, il vient toujours de chez lui : à moitié inquiet,
d'abord, et rempli d'espérance ; déjà nostalgique,
ensuite, et bientôt regrettant à demi. Comment donc
un lieu singulier peut-il passer pour rare et, cependant, se diffuser partout, sur le terrain et dans l'âme,
rester abstrait, utopique, et pourtant devenir panto-
pique ou panique, entendez par là l'expansion en tous
lieux de cette singularité ?

Quoique né gaucher, j'écris de la main droite, et le
bonheur de vivre un corps ainsi complété ne m'a
jamais quitté de sorte que je supplie encore les instituteurs, non de contrarier, comme on le dit aujourd'hui,
mes compagnons de bâbord, mais de leur donner un
immense avantage et d'harmoniser leur corps en les
obligeant à tenir le crayon dans la main droite,
complémentaire. Et, par symétrie, de compléter de
même les droitiers. Comme la plupart des contempo-

rains laissent la plume pour la console d'ordinateur, leur clavier demande plutôt des doigts conjugués.

La ligne qui sépare la gauche de la droite — et la femelle du mâle —, je ne sais par où elle passe, au milieu de l'organisme, aussi géométrique et formelle, sans doute, que la frontière ou l'axe sur le fleuve ou le détroit, mais tout le corps change et se transforme selon qu'il tourne à droite ou à gauche, hémiplégique dans l'un et l'autre cas, ou qu'il accepte de s'aventurer vers l'autre bord, hermaphrodite, navire à deux bords, pour l'accomplissement et l'accord. Encore un coup, la tierce place, rare, envahit le système en entier : toute la personne se dit droitière ou gauchère — ou complète.

Alors s'annule en mémoire noire ou se dilate en âme le tiers lieu : ouvert, dilaté, il s'emplit de tierces personnes. Apprendre : devenir gros des autres et de soi. Engendrement et métissage. Comme la troisième personne est esprit, le manteau et la chair d'Arlequin s'ensemencent d'esprits colorés : feux.

Un battement, une pulsation, un tremblement comme on en voit dans un rideau de flammes qui éclate et grandit soudain pour éclairer jusqu'à l'horizon et s'involue aussitôt pour n'illuminer qu'un voisinage étroit et limité ou s'annuler dans l'obscurité, un scintillement frémissant, animent, dans ce livre, la découverte, en maintes régions, de ces tierces places rares, fines comme des limites, aiguës comme des crêtes, singularités que l'on peut dire hors du commun, ambidextres, hermaphrodites pour ce qui concerne les personnes, messagers qui appartiennent à deux mondes parce qu'ils les mettent en communication, tel Hermès, le dieu des traducteurs, volant d'un rivage à l'autre, mais que l'on peut aussi trouver sur terre ou en mer, îles ou chemins ; ces tierces places donnent la chair vive et visible, chaude et tangible dans la vie ou dans l'espace repérable sur la carte, du projet plus intellectuel, savant ou culturel, et d'éthique tolérante, de la tierce instruction, milieu harmonique, fille entre deux rives, de la culture scientifique et du savoir tiré des humanités, de l'érudition experte et du récit artiste, du recueilli et de l'inventé, ensemble conjugués parce qu'en réalité ne se peut séparer l'unique raison de la science universelle et de la souffrance singulière. Parce que l'urgence l'impose aujourd'hui, l'histoire rattrape ce projet, naguère rare.

Et, soudain, engendrement multiplié : ces singularités, spatiales, charnelles ou pédagogiques, sans que rien l'ait prévu, s'ensemencent partout, sur tout le corps, à travers le lit du fleuve, dans l'espace intellectuel, jusqu'à dessiner une synthèse ou indexer un universel. La petite flamme éclate. De rien à tout ; de la somme, en retour, à zéro. De la communication fermée entre les deux premières personnes, au singulier ou pluriel, à l'ensemble de ces troisièmes qui s'annulent ou deviennent le tout de la société, de l'univers, de l'être et de la morale. Jamais je n'aurais espéré autant de lumière vive, quoique, malgré ses éclairs, elle tolérât l'ombre noire, par les partages incessants de sa vibration.

Basse, la flamme éclairait des voisinages ; le feu, haut, illumine le monde. Les pages flambent comme en un âtre où la danse, courte ou grande, des flammèches vite lèche le local, éclaire le global et soudain revient à la ténèbre : jour, nuit, matin, clair-obscur.

Voir : le feu éclaire ; mal : la flamme brûle. Deux foyers, du coup : science étincelante, cuisante douleur.

Parmi des circonstances improbables et dures, guerre, tempête, fortunes et malchances de mer, nous abordâmes une île nulle perdue dans l'immensité du Pacifique, où les naturels s'adonnaient à des conduites étranges, mais d'où nous apprîmes que la règle constamment suivie par tous nos semblables, des quatre côtés de l'eau, se réduisait à une exception, sans doute monstrueuse, d'un universel reflété seulement et découvert par chance en cette singularité abandonnée. Comme si un parti pris avait conquis tout le volume alors que la prudence humaine et raisonnable se réfugiait dans des localités retirées.

L'oblique a conquis le général. L'universel niche dans le singulier.

Scintillement des flammes : naine jaune, le soleil éclaire moins le monde qu'un coin de l'univers et celui-ci ne se laisse voir en majesté qu'à l'occasion d'intuitions brèves et fulgurantes, évidentes et problématiques, mais nocturnes. La théorie de la connaissance n'a jamais cessé de prendre pour modèle l'émission ou l'expansion de la lumière. Celle-ci repoussait les ténèbres et devait triompher dans l'espace et dans l'histoire. Devenus, tantôt, relativistes et modestes, les contemporains, prudents désormais, se passionnent à braquer sur le détail un faisceau lumineux quasi ponctuel, fin et pointu comme un rayon laser. Nous avions abandonné la synthèse unitaire pour nous retrouver ou nous perdre délicieusement dans les délicatesses de l'infime, oublieux de l'universel en faveur des singularités porteuses de sens. J'avoue bien volontiers avoir longtemps préféré le local exquisément ouvrable à un global prétentieux toujours soupçonné d'abus : et je nageais vers le milieu de tel fleuve ou m'interrogeais gravement sur mes mains ou les îles, attentif à ces petits détails frivoles.

Défini par clôture et spécificité, l'idéal de connaissance passa donc des lois générales au débat détaillé, jusqu'à une fragmentation innombrablement disséminée. Surprise : dans quelques lieux ou voisinages, l'universel se terrait. Or, étonnement renouvelé, il ne demande ni à s'étaler ni à régir, il exige, au contraire, son retour dans la localité prochaine et fine, adamantine, où on le décela. La flamme, minuscule, devient immense, et revient au ras du sol.

Irrégulièrement, du local au global, bat, danse, tremble, vibre, scintille cette connaissance comme un rideau de flammes. Au centre du système, le soleil éclaire l'ensemble ; or cette naine marginale se trouve jetée là, quelque part dans l'univers. Ces deux propositions, l'universelle et la singulière, pour un seul soleil, restent vraies en même temps. Face à lui, aussi universelle que la science, la question du mal et de la souffrance, de l'injustice et de la faim, ténébreuse, occupe le second foyer ou le noir de l'univers, ainsi que l'existence singulière de l'homme indigent et douloureux.

Ce battement ne touche pas seulement au savoir clair ou au mal, donc aux principes de tout apprentissage et à l'empan de la connaissance : brin de paille caressé par un rayon de lumière émané d'une fissure, ou firmament dans son ensemble sous le règne de midi, us et loi, mais aussi à leur qualité, voire à leur expression.

Voués à la recherche de la vérité, nous n'y parvenons pas toujours, si et quand nous y arrivons, par des analyses ou des équations, expériences ou évidences formelles, mais par l'essai, quelquefois, et, quand l'essai n'y peut aller, que le conte y aille, s'il le peut ; si la méditation échoue, pourquoi ne pas tenter le récit ? Pourquoi le langage resterait-il toujours droitier ou mâle, hémiplégique et limité à une moitié ? Aristote excellemment disait : le philosophe, en tant que tel, raconte, aussi bien ; mais ajoutait : celui qui raconte, en quelque sorte, se montre philosophe

Elevé dans ces flammes irrégulières, instruit, éduqué, il engendre en lui les tierces personnes ou esprits qui parsèment son corps et son âme de leur forme et de leur éclat autant que les pièces et morceaux composent les feux colorés du manteau d'Arlequin ou le feu blanc qui les somme.

Esprit : lumière claire, pudique et retenue, bariolant le corps et l'âme comme les millions de soleils de la nuit constellent l'univers.

Re-né, il connaît, il a pitié.
Enfin, il peut enseigner.

1980-1990